COSMIC
GARDEN
Forerunner

The Portal to Cosmic Consciousness

【新版】

THE SEARCH FOR HIDDEN SACRED KNOWLEDGE

探尋神聖知識的旅程

從未失落的光明

上

劃時代的先驅催眠師

《監護人》、《生死之間》、《三波志願者與新地球》作者

Dolores Cannon（朵洛莉絲．侃南） 著

Stephan＊裴悌書＊張志華 譯

園丁的話

這幾年來，除了新冠疫情帶來的課題，因溫室效應而導致的極端氣候——乾旱酷熱、森林大火及暴雨洪水，在世界各大洲相繼發生，地球似在宣告她的忍耐已達極限。

人類的自私和貪婪，汙染了美麗的大地、水源與空氣，仇恨和對立也污染了人心。持續升溫中的地球和種族／恐怖主義下的紛亂世局，反映了集體頻率和未來的可能走向……然而，事情原本可以不必這樣發展的，因為這完全在於人們的「選擇」，選擇如何作為。

朵洛莉絲．侃南的個案在催眠下經常表示人類一再重複過去的錯誤歷史。四年多前出版的《迴旋宇宙2上》裡的園丁的話，仍是我此刻的想法，就不再贅述。

分享一段《迴旋宇宙2上》第四章的個案於二〇〇二年催眠時的談話：

「這個世界真的很需要喚醒愛，很需要尊重其他人的處境。也的確需要締造和平。需要這些層次的頻率。你們不用因為需要石油而去殺害。不用因為權力和貪婪而去創造出某種情勢。你們不能犧牲別人取得這些東西，只為了擁有更多金錢上的權勢、更多的貪婪和控制。現在是要去分享的時候。你們應該分享你們全球的資源。你們應該餵養飢餓的人。你們應該愛彼此。尊重和愛彼此。」

吸收和內化觀念與知識需要時間，這本書分成上下兩集出版，讀者可以依自己的步調前行。

閱讀豐收，愉快。☺

contents 目次

親愛的讀者：

我的母親完成這本書後不久就離開了這個世界，進入另一個時空。過去這幾年，她除了致力於撰寫這本和其他幾本書之外，也花了許多時間發展量子療癒催眠法（QHHT）的訓練課程，並親自督導全球各地的量子療癒催眠工作者，磨練他們的技巧，以確保她畢生工作的心血能透過他們及未來的學員傳承下去。她在地球上的最後時日仍堅持「對知識的探索及追尋」必須繼續，她並且保證她會在「另一邊」協助我們。我很高興跟諸位報告：她做到自己的承諾了。

愛你們的

茱莉亞・侃南

謹以本書獻給所有在「光」中工作，帶來知識的人，
特別是全球各地執行我的量子療癒催眠法的操作者。
謝謝你們帶著愛工作，提昇我們全體的振動。

我寫作的理由就跟我必須呼吸一樣；因爲不這麼做，死亡就降臨了。

——以撒・艾西莫夫（Isaac Asimov）

作者序

我要對那些已經熟悉我催眠工作的人說：「歡迎回來！」對從未讀過我任何一本書的人，我則要說：「歡迎加入！」

參與這趟閱讀之旅只需一顆開放的心，並將懷疑的態度暫時擱放一邊。我在奇異和未知的領域已工作太久，這些對我是很平常的事了。對於從數以千計來找我催眠的個案療程裡所獲得的資訊，我也不再質疑。我從工作中得知，任何事都有可能，這點毫無疑問。我並不想試著說服任何人相信我所發現的事，我認為我的成果自會證明一切。

近幾年來，我一直看到一個奇特的現象，我很確定有個大轉變正在發生。當我在世界各地的大型講座演說時，很多聽眾說他們之前從沒聽說過我，只不過是在幾個月，甚至幾星期前才知道我和我的工作。他們是從網路上發現我，所以我稱他們為網路世代。我從來沒有躲在哪個深山裡，我一直在做催眠、寫書、到世界各地演說、開研討會等等超過四十五年以上了。這些剛發現我的人大多很年輕，這很合理，網路想當然比我的書和講座能接觸到更多的人。我們的確活在電子資訊無遠弗屆的電腦時代，我很慶幸能看得到這個現象。

我是位催眠治療師，我的工作是進行前世回溯和治療。這麼多年下來，我發展出一套新的催眠方法。這個方法利用個案自己的心智力量，當下療癒他們的任何疾病或身體的不適。我目前的工作重心是在世界各地教授這個令人驚奇的催眠法。從二〇〇二年開始至今，我已經訓練了超過四千位學員，而且他們也跟我一樣，看到個案身上驚人的改變。但一開始時並非如此。說來令人難以相信，一九六八年當我透過催眠發現輪迴和前世的時候，還不曾聽過可以這樣運用催眠。在那個年代，催眠只是用來移除一些習性（協助戒煙、減重等等）並幫助個案放鬆。在西方世界，大部分的人對「輪迴和前世回溯」都很陌生。

我在我的第一本書《五世記憶》寫過我是如何進入時光旅行這個引人入勝的領域的故事。我在當時並沒有被探索到的內容嚇到，反而因好奇心的驅使，繼續深入研究調查。如今，我被視爲前世回溯這個領域的先驅者，因爲我發現了更深入運用並協助個案療癒的方法。在一九六〇年代的時候，並沒有人教導這類型的療癒法，我因而得以自由發展屬於我個人的技巧。

透過我的技巧，我發現與宇宙中最宏偉的力量直接對談的方法。這個過程是漸進的，但我找到了方法，能夠召喚它來協助個案。它有所有問題的答案，擁有所有已知及未知事物的知識，而且可以執行即時療癒。當我發現這股力量的存在，我不知道該如何稱呼。其他人曾經稱之爲超靈、高我、超意識或宇宙意識。當時的我對這些術語不熟悉，所以我稱爲潛意識（Subconscious, SC）。我必須強調，這跟心理學家所指的潛意識不同。我發現心理學上所說的潛意識是心智的幼稚部分，它不具有和我合作部分的那股力量。我之所以稱之爲潛意識是因爲我不知道該怎麼稱呼。「它們」曾說不在乎我怎麼稱，「它們」本來就沒有名字，它們會回應我的呼請並與我合作。在這本書中，我會把這個力量稱作潛意識，我的學生們也都覺得稱爲潛意識／SC較爲自在。

我工作的層面是在最深層的出神狀態，我稱之爲「夢遊」層級。在這個狀態，我可以擺脫個案的意識，不讓意識擋道，然後直接與這個宏偉的力量對談。我不是靈媒，也不會通靈。我寫的所有資料都來自超過四十五年來所催眠的數千位個案。我視自己爲報告者、調查者和失落知識的研究者，我把所有來自個案的資料像拼拼圖一樣，一小塊、一小塊地拼湊起來。結果這些挖掘出來的事情和資料越來越複雜，內容包括了形上學的概念及理論，這些發現每每令我驚奇不已。我的《迴旋宇宙》系列便是奠基於這些發現。我現在所收到的資料是二十或三十年前的我絕不可能理解的。這些資料必須慢慢地一點點交給我，否則我無法吸收。它們曾說：「給你一小湯匙的資料，消化吸收一下，然後再給你一小湯匙。」我很開心它們以這樣的方式交付資訊給我，不然我永遠也不會瞭解。

從我對催眠所得資訊的研究，我發現神秘的奧秘學校一直都存在。人們總是害怕神聖和被隱藏的知識會遺失，確實也有許多知識失傳了。最初，這些知識靠口傳相授，沒有文字紀錄。口述傳承的傳統與歷史持續了許多世代。通常會有某個人被託付守護知識的重責，而這些知識在特殊場合透過故事的形式講述傳遞，或是以傳奇的樣貌被保存了下來。

然而，許多知識隨著時間失落；因天災人禍、部族滅亡，或是知識守護者在找到傳人前就不幸死亡而失傳。通常守護者早在死亡前很久就會開始教導有天賦的傳人。如果有大量知識要傳承和保存，學生就需花上多年的時間專心學習，奧秘學校因此誕生。這些知識並不適合所有人知道，因為一般人無法理解。這些知識是保留給被揀選的極少數人，他們奉獻一生的時間來學習和教導。他們通常必須離群索居，遠離塵囂，因為擁有這樣的知識會置他們的生命於險境。歷史上一直有人（往往是掌權者）恐懼自己不了解的事物，這就是早期天主教會審判和迫害女巫的真正原因；天主教會對於諾斯底教派和他們的玄秘知識感到威脅。教會想將這些知識佔為己有，可是諾斯底教徒曾宣誓守密，寧死也不肯透露（這些故事記載於《耶穌與艾賽尼教派》）。於是教會決定，處死他們是唯一的解決辦法；因此這向來就與女巫或惡魔無關，而是出於擁有更多知識和權力的欲望，宗教裁判所就是那個恐怖黑暗時期下的產物。艾賽尼教徒則是充分體現為了保存和守護古代知識所願意犧牲的程度——他們完全過著與外界隔絕和隱密的生活。

最近我做了一個催眠療程，個案回到她曾是僧人的前世（顯然是在西藏的高山上），這位僧人一輩子都與世隔絕，與團體一起研讀神秘經典。少了世俗的干擾，他們非常容易專心並學習神秘事物。他學會了如何輕鬆出體到各個地方，幫忙創造宇宙及星系。隨著年紀的增長，他將所知的神秘知識傳承給年輕學生，這樣知識才不會失傳。我願意相信這些能力仍在西藏和尼泊爾遺世獨立的僧院裡傳授。

我的一位學生曾有過個案例，個案在催眠時回到了曾是神秘知識守護者的一世（非常類似本書裡的故事）。不用說，當連結上潛意識，問到個案的問題之一——他想多瞭解他當時守護的是哪類知識時，潛意識笑得非常大聲（是的，它們確實有幽默感）並說：「他現在只要去谷歌搜尋『神聖幾何』就好了。都在那兒了，這個再也不是什麼秘密了。」所以，別的年代的人們犧牲生命所保護的知識，現在已隨著我們進入新地球的次元而隨手可得。所有的知識及心靈能力，正以驚人的速度回來。

我經常跟印度教的宗教導師合作，我會在他們的避靜中心講課，並且談到《迴旋宇宙》系列裡的資料。有一次在巴哈馬（Bahamas），下課後大家都離開寺廟回去休息。我回頭看到一群學生圍著他們的上師，後來我得知他們的談話內容。他們在問上師我說的資料是否正確，因爲這些資料無疑地非常新進、具顛覆性。上師告訴他們：「她說的是事實。這些事實不是新的資料，是新的**舊**資料。」這些資料向來是保留給那些窮其一生研究和學習，到尼泊爾的山洞打坐求開悟的人；這些資料向來是保留給少數被揀選、願意奉獻生命學習的人。現在不同的是，它們已被帶回一般大眾身邊。許多人會無法理解，沒有關係，那不是他們的道途。但有很多人會懂，而且重獲這些知識對我們這個時代很重要，因爲活在現代的我們，再也不會因爲某些人恐懼跟他們不同的人，而被吊死或被綁在火刑柱上燒死。

我在催眠時，常會收到相同主題的類似資料。當有這樣的情形，我會累積案例，把它們集結在獨立的一本書裡。本書便是如此。這不是《迴旋宇宙》的另一本續集，這本書有自己的主題（就如我之前出版的其他書），它談的是有關已經失落或被隱藏起來的資料。有好長好長的一段時間，這些資料只在奧秘學校教導，並且只傳授給有能力理解和運用的追隨者或門徒。接下來的案例來自許多的個別療程，我把它們集中起來，放進這本書裡。現在，好好享受這趟閱讀的旅程吧！

第一章 愛西斯與機械人

在《地球守護者》及《監護人》書裡，我記述了外星智慧如何在地球培育生命的故事。生命從著根到蓬勃發展，所需要的時間簡直漫長得不可思議。在發展出動物以後，透過操控猿類的基因和DNA，人類被創造出來。隨著人類物種的成長並開始發展智能，外星人來到地球與這些未開化的人類一起生活，教導他們並給予基本技巧，好使人類能夠生存並最終發展出文明。外星人和人類一起生活了很多很多年，因為除非外星人願意，要不他們不會死去。這些外星存在因此被視為神祇，相關傳說也因此誕生。由於他們知道最終他們還是要離開地球，回到自己的家，於是他們試圖把知識交付給他們認定有能力可以傳承的特定人選。他們也與地球人異種繁衍，生育出具有某些外星能力的混種，因此在最初一批外星人離去後，這些後代還能繼續幫助人類。

這些被選中的人一代代地把知識與能力傳承了好幾個世紀。他們是創始者，挑選學生來學習和實作各種技能，這就是奧秘學校的開始。隨著時間的過去，他們漸漸隱遁於神殿廟宇和（學習）中心，與大眾隔離。由於他們的特殊天賦，他們顯得與眾不同，地位也高於一般人。他們成為專精於各種特殊能力的祭司和女祭司。他們也繼續挑選傳承者，將知識教導給他們認為能夠瞭解的人。他們知道這些知識必須被安全守護，不能失傳。

數不清的世代下來，這些被守護的知識只傳授給少數被選定的人。不斷的戰爭與極度不公不義事件的發生(例如：宗教裁判所)，就是為了要取得這些知識。那些具有這些知識的人往往寧死也不要它落於不適當的人的手裡。他們牢牢地守護這些知識，他們知道它不能消失。

現在，這些知識已不再專屬於神殿裡的先知、山洞裡的隱士，或避世於奧秘學校裡的智者。它已經返回我們的時代，而且人人都可以學習。這是因為遮蔽的帷幕已經越來越薄，我們正在覺醒並朝新地球邁進。我們的振動和頻率正被提升到能夠理解這些古代的奧秘知識正在重新進入這個時代，並且每個人都可以運用。

無論如何，本書所舉出的回溯催眠案例，將會把我們又帶回那個年代。在那個時候，大部分的這些知識只屬於被揀選的少數人，一般人無緣得知。

★ ★ ★

最初的神殿可以追溯到巴比倫時代，那個時代的設計在神殿外圍矗立著間隔等距的石柱。有些神殿的屋頂是中空的。(早在西元前三千年，巴比倫就已發展出完善的精密文化。)這些神殿的用途是天文觀測台，當恆星及行星行經柱子之間的天空，祭司會坐在神殿中央的指定位置，觀看並記錄星體的運行。這些紀錄會被保留並繼續觀測好幾百年，這樣星體移動的測量紀錄才會精準。這些紀錄成為神聖知識的一部分，唯有奧秘學校的人才能取得並且有能力詮釋這些資料的意義，這便是占星學及天文學的起源。當然，最初的教導（以及觀察哪些星星）來自於外星人。外星人當初給予的知識很多都跟肉眼無法看見的星體有關，也就是說他們使用了像是望遠鏡這類高度先進的裝置。（也許類似在昆蘭（Qumran）使用的「望遠設備」。）這些資訊大部分對外星人來說是必要的，因為跟他們的母星或家鄉星群有關，他們需要追蹤星體的運行，以便知道啟程回家或通訊的最佳時機。因此，有些星象資料對於要隨著季節更替來計劃各種事項的地球人很重要，有些資料則是對外星人本身重要。

這個模式同樣延伸到環狀巨石圈與巨型獨石的建造，像是英格蘭的巨石陣（Stonehenge）、愛爾蘭的紐格萊奇墓（New Grange），以及遍布世界的許多石陣建築和巨石。它們標記了季節交替及重要的恆星與行星位置，這些星體的軌道被標注在石陣的石頭和楣石（lintels）上。

到了亞特蘭提斯時代，這已發展為高度先進的科學。亞特蘭提斯沈沒後，這些知識被倖存者帶至埃及和其他地區。我在《迴旋宇宙》系列探討過此事。

為什麼神殿跟巨石圈的建造，以及記錄季節的交替這麼重要？這些遺址和知識可以一路追溯到遙遠的古代。當時人類還很原始，才剛開始熟悉農耕播種、收成和照顧牲畜。傳統的說法是這些原始種族建造了這些偉大的建築，但是這怎麼可能？這些人才剛開始從野蠻原始的狀態進入文明的雛形。我們知道在早期的時候，外星人與這些發展中的人類生活在一起，給了他們有用的資訊和禮物，幫助他們在演化的過程中前進。

這世上的每個文明都有關於文明播種者的傳說。這些故事提到（外星）生命來到地球與人類一起生活，並且教導他們求生和進步所需的技巧。例如美洲印地安人有玉米女人教他們如何耕種，也有其他外星生命前來教導他們狩獵和用火。這些遍布世界各地的傳說，每一個都提到文化播種者是來自天空或跨海而來。在《迴旋宇宙》系列（編注：序曲）就有個故事提到外星人建造了能夠使用太陽、月亮和星辰能量的機器。由於這些外星人想活多久就活多久，人類把他們當作神祇對待。

在以前，計算時間，尤其是季節的更迭非常重要，這樣發展中的人類才會知道何時播種，何時收成。這也是為什麼建造相關建築、記錄季節交替、訓練特定的人來詮釋資料並傳達給人們這麼重要。透過多年來的催眠療程，我也發現這些建築物的原始建造者是外星人，而不是當時生活在那裡的早期人類。

利用意念創造、使巨石懸浮等知識在某些高度先進的文明已經很成熟。在亞特蘭提斯時期，外星人仍與人類一起生活並分享先進的知識給人類。這些知識在亞特蘭提斯毀滅後，被倖存者帶到了埃及和其他地方。

古老神殿和巨石的建造最初是為了基本的季節追蹤，接下來發展到複雜得多的天文系統。外星人因此可以追蹤他們家鄉星球的動態及位置。由於這些建築物從太空中也可以看見，因而也被當作地標。當外星人的飛船在繞行地球時，他們可以知道自己的同胞在地表上哪個區域生活和工作。

★ ★ ★

東妮是住在德州某牧場的單身女性，她大部分時間都花在馬匹的育種及買賣。她來找我是想尋求私人問題的答案。我們從來不會曉得潛意識要選擇什麼樣的前世給個案觀看。潛意識有它特殊和獨特的邏輯，我從不知道它會選什麼畫面，而那跟個案現在的人生又有何關聯。

當東妮從雲端下來，她站在一個很大的神殿裡，神殿有著高高的柱子。她看著一艘船朝她駛來。這艘船的船首雕著龍頭，正要停靠在大河邊的碼頭，船上大概有二十個人。她注意到一位女子，長長的黑髮，手臂上戴著金手鐲。「她很漂亮，留著瀏海，頭上好像也有戴著東西……是金子做的。」當她說話時，她跟那女人合為一體。「我是個輔祭（acolyte）。我在那裡學習。我聽到愛西斯這個字。」

在字典裡，輔祭的定義是宗教儀式過程中提供協助的人員。理應擁有某種宗教方面的能力。

朵：你在學什麼？

東：恆星。還有行星。

朵：你剛剛說跟愛西斯有關？（對。）愛西斯是誰？

東：她是女王。就是住在這個神殿裡的人。

★ ★ ★

愛西斯是古埃及極受歡迎的女神。根據有關她的神話，她是大地之神蓋伯和天空之神努特的長女。她與自己的兄長歐西里斯結婚後，所生的兒子荷魯斯成了法老王，這大概是近親結婚的開端，好確保後代子孫血統純正。在神話裡，愛西斯有許多神奇的魔力與不尋常的能力。天狼星與愛西斯有關。天狼星出現代表新的一年的來臨，而愛西斯被認為是重生與輪迴的女神，也是亡者的守護神。她是唯一全埃及上下都信奉的女神。古代的歷史學家普魯塔克（Plutarch）這麼形容愛西斯：「明智且熱愛智慧，擁有最高的賞析智識及理解事物的能力。」

愛西斯有男女兩性的祭司在她掌教期間服事。這些祭司們以智慧及療癒能力著稱，據說他們也有特殊的能力，包括解夢和操控天氣。愛西斯及歐西里斯的教派一直延續到西元六世紀，直到查士丁尼大帝頒布狄奧多西法典，下令摧毀所有異教徒的殿堂。愛西斯教派裡的許多信念和儀式被當時興起的基督教吸收並融入其中。

東妮的故事似乎發生在愛西斯仍活著，愛西斯教派尚未形成之前。我想要確定我們在談的是活生生的人，而不是神殿裡的神像。

★　★　★

朵：她是真的人嗎？（是的。）我本來在想會不會是個神像。

東：不是，她是活生生的人。很多人跟著她學習。

朵：大家都學一樣的東西嗎？

東：不是，我們各自有不同的工作。有的人無法學習書本和寫在羊皮紙上的東西。他們還是好氣。

朵：他們為什麼生氣？

東：他們不想在那裡，他們想回家。

朵：那裡不是家嗎？

東：不是，我們是從各地來跟著她的。

朵：你的意思是從世界各地來的？

東：不是。他們從天上來。來自鄰近的銀河系或附近的星球。他們來的地方，女性並不重要。所以他們不喜歡在這裡。他們不想跟她學習。

很顯然他們不喜歡受教於一個女人，如果女性在他們的家鄉不受尊重的話。

朵：如果在那裡不開心，他們不能回家嗎？

東：不行，他們必須停留一定的時間。他們的世界很不一樣。他們來的地方很暗，而且有很多機械。這個地方很綠，很豐饒，非常美麗，非常暖和——他們奉命要待在這裡，要帶資料回去。

朵：這些人跟你們看起來像不像？

東：不像。他們手上戴著某種刺刺的罩子，臉上也戴著面具。你看不到他們的臉。

朵：哦？我好奇他們為什麼要戴面具？

東：為了要遮掩機械的部分。他們長得不大好看。很黑，黑得像金屬一樣。

朵：他們的面具看起來是什麼樣子？

東：我們會說像隻鳥，有長長尖尖的喙。眼睛的部位有個大洞，但是他們的眼睛凹陷在裡面，而且眼神看起來很死。他們的動作敏捷輕快，像鳥一樣。聲音聽起來像機器，不柔和，說話的語調平板。

朵：但你從來沒看過他們沒戴面具的樣子？

東：我可以看進他們面具底下的樣子。

朵：你看得到？

東：對。他們的身體看起來像皮革。
朵：你剛剛說也像機械。
東：不，是在這個罩子下的像皮革。
朵：但是是活的？
東：對。可是他們沒有我們有的器官。他們不需要。我怕他們。我不喜歡他們。

我想這聽來像是某類機械人或電腦化的東西。也許是機器人？

東：它有智能。它有能力思考並對事物反應，但那是假的。有東西告訴它們要回答什麼，該說什麼。
朵：那麼它比較像是個機器人或機械了，不是嗎？
東：是的，但更先進。
朵：如果它們會生氣，那表示它們能夠感受到某些情緒。（對。）而它們並不想在那裡。那愛西斯對它們是怎麼想的呢？
東：她說它們是必要的。我們必須跟它們做朋友。必須要和平。
朵：如果她不讓它們來，就沒有和平了？
東：對，沒錯。

朵：也許它們可以學到些東西。

東：仁慈。它們有些克服了憤怒，留了下來。它們學習感受。它們已經知道了星辰的事。它們說它們來自銀河系（The Milky Way，譯注：就是我們的太陽系所在的星系）。我們在研究它們的文明。

朵：這個神殿裡有沒有什麼不一樣的人？

東：有，有很高大的人。他們穿著白袍，沒有頭髮，很高。有七呎高。他們不大說話。他們不必說話。他們可以用意念告訴你他們想要什麼。他們在學習這個星球的動力點，他們使用動力點產生能量。這是他們旅行的方式。

朵：他們需要用飛行器旅行嗎？

東：有時候，但有時候不需要。

朵：那些黑黑的學生呢？它們使用飛行器嗎？

東：對，它們必須有飛行器才能飛。它們除了機械，什麼都不懂。它們的飛行器又長又窄，像根管子。轉彎時有特別的方式，你根本看不到，看起來只是一道閃光。但那些高大的人會就這麼突然出現。他們不喜歡機器。

朵：聽起來這裡有很多不尋常的學生，對吧？

東：是的，有很多不同的人。有的來自地球。地球的住民，像我就是。

朵：其他地方來的人有比地球人多嗎？

東：沒有，她不常讓那些人來。

朵：你喜歡在這裡嗎？

東：噢，喜歡。這裡很寧靜，有好多書。

朵：這裡有這麼多不同類型的生命，你也可以透過旅行來學習行星與恆星，不是嗎？

東：我們不被允許離開。

朵：我是在想你可以透過旅行得到第一手的知識。

東：噢，不行。那些黑的想要帶我們走，但它們不會帶我們回來。

朵：它們大概是想要帶知識回去它們的地方。（對。）所以，你會寧願從書裡學習？

東：對，我常靠自己學。

朵：你看到的那艘船，你知道上面那些人是誰嗎？

東：他們是朝聖者。他們長途跋涉，從很冷的地方來。他們知道愛西斯，想要親眼看看她。

他們以前從沒來過。

聽起來也許是維京人。

朵：這種事常發生嗎？

東：不常。有個分隔的帷幕當屏障（指無形的遮蔽物），除非你是對的人，不然找不到神殿。

朵：所以一般的旅人是找不到這個地方的？

東：對，他們永遠不會看到。

朵：所以帷幕的作用是保護神殿。（對。）你認為他們是來學習，還是只是想見愛西斯？

東：他們想要知識。他們想把知識帶走。

朵：每個人都想帶走知識，不是嗎？

東：對，可是他們不能。她知道可以跟誰說，不能跟誰說。

我濃縮時間，將時間前移，看看那些訪客後來是否見到了愛西斯。

東：他們沒跟她說話。她不跟他們說話。他們有些人覺得那裡什麼都沒有。有的人看見一尊雕像，但我曉得她是真實的。

朵：我很訝異如果他們不是對的人，居然還能找到她的神殿。

東：有時他們會無意間走進神殿。

朵：他們看得到你和其他人嗎？

東：看不到。對他們來說，這裡看起來就像個廢墟。這是種保護。對不同的人，它顯現的也不同。他們會想要這種能力，但他們會誤用。

朵：所以有可能他們走過你們所在的神殿，卻看不到你們任何人？

東：對。有時他們經過隱藏知識的地方，看起來就是斷掉的石柱和骯髒的地面，結果他們又往回走，還說這裡什麼都沒有。

朵：那是保護的好方法。（對。）你打算要怎樣運用學到的知識？

東：教導孩子。他們不來這裡，我會被派出去教導。我被告知將要見一群人。

我接著將她帶離那個場景，引導她到一個重要的日子。我很驚訝地發現她「蛙跳」了，我所謂的蛙跳，指的是個案突然轉換到另一個前世。她來到她死亡的那一天，發現自己是身陷戰場的男性，看起來像是希臘或羅馬的士兵。環境很吵雜，有許多喊叫和金屬撞擊的聲音。她看不見東西，因為她的頭剛剛被人從後面用棍棒擊中。「我是戰士，有面盾牌。有人從後面打我，我看不見了，眼前一片黑。我倒在地上，聽到身邊好多聲音。」他不知道這場戰爭究竟是為了什麼。「大概是跟錢和金子有關，他們沒跟我們說，只命令我們上戰場。」戰場在異地，所以他們這方是侵略者。「現在我看見自己躺在地上，我就只是走開了。我的身體還在地上，我想那個身體死掉了。真慘。我走開了，我不想再當戰士了。」

朵：你現在有什麼打算？

東：我還沒有決定。

朵：你有沒有必須去哪個地方才能知道呢？

東：有。它看起來像個圖書館，有好多書。我寧願待在那裡。我的老師也在。他們在裡面等我們。

這裡顯然是靈魂死後會去的地方，我的書《生死之間》裡有相關描述。

朵：他們有說你必須做什麼嗎？

東：噢，他們說我必須回去。我的事情還沒做完。

朵：為什麼你必須回去？

東：我還要教導人。

朵：他們有決定你要去哪裡嗎？

東：我只聽到他們說：「遙遠的未來。」末日時期（the End Times）。「在末日時期，我們需要你在那兒。」

朵：為什麼他們要你去那麼遙遠的未來？

東：因為愛西斯。

朵：愛西斯？她跟末日時期的關聯是什麼？

東：她會帶著金光回來。

朵：從你知道她的那個時候起，她有回來過嗎？（沒有。）她會在末日時期回來？（對。）他們要你那個時候也在地球？（對。）

在《迴旋宇宙2上》有個章節與愛西斯有關。裡面提到她已經回到地球，要來完成任務。人類對待地球的方式讓她很難過。

朵：愛西斯原本是從哪裡來的？她是地球人嗎？

東：不是。她來自……她從神那裡來的。

朵：她有沒有跟妳說過她怎麼來到這裡的？

東：我不知道。我只看到一個好亮的水晶橋，而且她可以來來去去。

朵：但她來了之後，留在地球一段時間教導？

東：對，可是沒有成功。那些機械人來太多了，所以她不得不離開。你不能信任它們，它們教不來。

朵：她離開後，它們也回去了嗎？

東：沒有，它們還一直來。它們想要這個地方，地球。

朵：當時的你有看到這一切事情的發生嗎？

東：那些機械人，它們把我帶走，因為它們以為我知道愛西斯知道的東西。但我並不知道。

朵：它們把你帶去哪裡？

東：我不認識這個地方。它是在另一群星星上。

朵：那是它們的家嗎？

東：對。這裡很暗，沒有陽光。

朵：你在那裡可以存活？

東：很難。我無法呼吸。我沒有來很久，但我再也沒回家了。我離開了身體。那裡沒有什麼留戀的。

朵：你那時能夠教導它們什麼或是給它們想要的嗎？

東：沒有。我不想。

朵：聽起來它們並不了解你在那裡無法存活。（對。）但它們沒有試著帶愛西斯走。

東：她太強大了。

朵：在愛西斯離開後，其他的存在體還留在地球？

東：我不知道發生了什麼事。我不在那裡了。我只知道來了更多機械人，而且待在地球好一陣子。

朵：你說他們要你在末日時期的時候回來，那時候愛西斯也會回來。為什麼他們要說是「末日時期」？

東：那只是思考方式的結束。她帶來和諧。她帶來和平。她帶來理解。她會為人們揭露事實，向人們展現光。如果人們不接受這些教導就無法存活。這是那些機械人的終日，它們開始離開了。

朵：那些機械人留那麼久？（對。）難道人們沒有注意到它們？

東：沒有，因為它們改變了外表，看起來就跟其他人沒有兩樣。

朵：它們是想學東西嗎？

東：對。不過它們失敗了。

朵：它們試著改變事情嗎？

東：對，它們想要陽光，它們想要地球的美，但它們無法在這裡生存。它們的想法是錯的。

朵：它們不能就回家嗎？

東：不能回去了，它們的星球現在不存在了。它爆炸了。它們現在滯留，被困在這裡。它們想要這個地球的東西，花啊、樹啊，還有地球的美。

朵：這些美好事物難道沒有改變它們的負面性質？

東：有時候有。

朵：我本來在想，如果它們是機械，那它們不會真的死掉，對吧？

東：對。它們占據，使用身體，然後離開那個身體，再去使用另一個身體。當那個身體不堪使用，它們再換一個身體。

朵：它們被允許這麼做嗎？

東：它們必須這麼做，不然它們不能存活。

朵：我是在想，身體本來有個靈魂在裡面的，不是嗎？

東：是的，但那不一樣。

朵：怎麼不一樣？我在努力了解。

東：如果靈魂還在身體裡，它們就不會用那個身體。

朵：你是說它們用的是已經沒有靈魂的身體？

東：對，它們……我不會形容。靈魂跟身體是分離的。

一具剛死沒多久的身體？這聽起來類似《迴旋宇宙3》提到的一個案例。那個章節的標題是「一種截然不同的靈魂替換」。一般而言，靈魂替換現象發生於某人決定要離開人世，不論是什麼原因。他們不想活下去，但自殺不是個好選項。為什麼要白白毀了一個載具？別的靈魂會很樂意使用。於是他們跟其他的靈魂約定好（通常是自己認識或是有關聯的靈魂）在他們離開的那剎，要進入的靈魂將會接管身體。這些過程完全沒有意識的涉入或推動。後來那個人的意識通常不知道發生了什麼事，只是覺得生活好像有了些改變。新進入的靈魂同意要承接並完成原先那個人在投生前與他人的約定、合約及該還的業報。替換的靈魂必須遵守承諾，完成原先靈魂的事項，再進行自己進入肉體的目的。這是一般的靈魂替換。

另類的靈魂替換者之所以不同，是因為進入的靈魂並不在任何前世認得原身體的主人，它是被更高的力量所派遣，但它仍舊與身體原本的靈魂有著協議。無論如何，我們要瞭解的是，這些靈魂替換的案例絕不是被附身、入侵或身體被接管。它向來是經過允許同意的。

朵：它們創造身體嗎？

東：它們可以做到。它們能夠創造出看起來很像身體的東西。

朵：原來你是這個意思（譯注：這些機械人和靈魂替代的現象無關）。但這個身體終究會有再也無法運作的時候。

東：對。身體會用壞耗損。

朵：它們這麼做，人類就不會看到它們真正的長相。（對。）你剛剛說到在末日時期，它們最後一群會離開？

東：對。當她回來，它們就不能留下來了。一切將會不同，一切會再度美好。

朵：那麼它們就必須去別的地方，不是嗎？

東：她說它們會解體。

朵：它們在地球的期間，有得到想要的東西嗎？

東：沒有。沒辦法，它們沒有真實的情感，它們做卑劣的事。它們有過權力，現在也有。它們藏在這個看起來像是身體的覆蓋物裡面。

朵：如果一般人看到它們會辨識得出來嗎？

東：它們的眼睛看起來空洞，沒有生氣。

朵：但如果你看到它們，你會知道它們怪怪的。（對。）你在身為士兵那世死去後，你說你會去遙遠的未來？跟愛西斯在同樣的時期回來？（對。）你可以看見你在未來的樣子嗎？

我原本預期她會形容自己現在身為東妮的樣子，結果她說的讓我很訝異。「她個子很小，五呎高，金髮碧眼。」那可不是東妮，東妮是深色頭髮，中等身高。我繼續詢問以便確定她是在描述她未來的身體，也或許是愛西斯的樣子。但她堅持她就是那個金髮女子。「很出名。」

朵：你做了什麼，為什麼會出名？

東：我不知道。我沒看到我做了什麼。人……我們都回來了。帶著古卷，帶著知識回來了。

朵：那些古卷遺留在地球嗎？

東：對。它們被保存在某處的一個金盒子裡。

朵：你們很久以前把它們藏起來了？還是……？

東：不是，它們是被拿走了。他們不知道他們拿走的是什麼。古卷在一個金盒子裡。他們看不懂，但他們很怕這些古卷。因為這會摧毀他們以前強迫別人相信的事情。一切都是他們的謊言。當我們的古卷被揭露，事實就會揭曉。

朵：你的意思是他們所說的歷史是個謊言嗎？（對。）你們的團體有找到這些古卷，這個盒子嗎？

東：他們只是說我們對揭露／發現這些古卷會有幫助。

朵：而這是正在跟我說話的這個人，躺在這裡的個案將來在末日時期要做的事？

東：對，在二〇五〇年。到那個時候那些機械人已經離開了。

朵：那就是你說的某種思考方式結束的時代。（對。）這個世界會不一樣嗎？

東：對，更和平。沒有爭鬥，沒有戰爭。人們在這裡是為了學習，而我們的團體會協助教導他們。

朵：不過這是在很久以後了。

我請東妮離開她跟靈魂顧問討論的場景，然後召喚潛意識前來。「你們今天為什麼給她看剛剛那一世？」

東：為了給她驚喜，讓她知道她是很有能力的老師。她有很多很多世都是老師。

朵：這跟她的現世生活有什麼關聯？

東：教導其他人靈性、光、良善與和諧，她就是以這樣的方式在生活。你必須瞭解，好好生活就是給別人的榜樣。她沒意識到她把生活過得很好，她在做我們要求她做的事。

朵：你們為什麼帶她去未來看未來世？

東：因為她以為這是她最後一世了。她希望是最後一世，但不是。這世很辛苦，對她來說很辛苦。

朵：所以她不會那麼快離開（地球）。她有工作要做。

東：是的，有很多工作。（笑）

接著他們解釋，給東妮看到士兵的死亡是要說明她這世為什麼背部會有問題。「她總是怕會失去行動能力。我們想要她知道我們在保護她。那個狀況是在另一世，不是這一世。我們在努力告訴她：『讓我們幫你。不要抗拒我們。讓我們幫你。』」

另一位個案

貝：她的工作是跟女性能量合作。女性能量。它已經被喚醒，已經覺醒了，而且需要人類來表現。創造這個連結並不容易。她將女性能量連結到能弘揚它的女性，並且跟她們連結。就像迷宮裡的老鼠，前進的路徑不永遠都是直的。照亮道路需要許多人。她像是助產士，為未來接生。這些都必須透過她的意識做到，而且其他人可以透過她的眼睛看見。她會與女性能量裡的八個人格面向合作，還有更多面向，但現在是八個來指引方向。她會跟這個能量合作。這就是她，真正的她，可是她不知道。她的工作是要把女性能量植入人類的意識。好幾個世紀以來，她都在吸收這個星球的知識。校準是必須的，每次的校準都必須錨定下來。這跟改變有關。地球從中間裂成兩半，她有時會因此哭泣，她以為自己要為這個毀滅負責。

朵：什麼？是在另一世嗎？

貝：在接下來的一世。就是這一世。

朵：她認為自己要為未來的毀滅負責？

貝：她很怕。她怕自己會因為其他事件而引發。

朵：這不會發生吧，會嗎？

貝：如果註定要發生就會發生。

朵：我的意思是她不會是該負責的人，她是嗎？

貝：不只有她。不是的。

朵：她主要是要傳遞資訊？

貝：有時候要植入——這就好像一隻光箭需要一個箭靶；她創造了靶，好讓箭可以射中目標。創造箭靶的紅心標誌需要時間，也需要校準。神聖的女性能量是她專注的重點，調整人類意識使意識恢復平衡需要神聖的女性能量。必須要有足夠的創意才能有大規模的改變，而大規模的改變是很動盪的。現在，分裂正在發生，意識的分裂。她擔心的是那個分裂真的會顯化為實際的形式。她很困惑這個分裂會是實體的，還是靈性／精神上的？而她確實有足夠力量可以顯化為具象，這就是她害怕的。她的力量就是那麼大。她知道如何接通這個力量，她曾在別世接通過。……她一直很小心翼翼，這拖慢了進度。她需要注意別讓進度慢了下來。

朵：這曾經發生在地球或其他地方嗎？

貝：在地球被止住了。是別人觸發的。她看到了當時的情形。她無法阻止。

朵：這是為什麼她怕可能會再發生。

貝：因為她知道怎麼做。她不想有那樣的結果（指毀滅）。不過這不是她這一世的目的。

這聽起來好像喬治的故事。（《迴旋宇宙3》，第三十八章，最後的解決之道。）喬治說他有摧毀地球的力量，而且以前發生這樣的事情時，他也在地球。我們被告知他不是現在地球上唯一有這個潛在力量的人，我在工作中也發現更多這類型的個案。當然，他們在意識上並不知道這件事，而且他們不應該知道。他們在我們稱為地球的這個鬧哄哄的星球，是要盡可能過正常人的生活。

第二章 他們以爲我們是神

起初，外星人來到地球並與發展中的人類住在一起，他們帶來許多知識幫助人類進步。由於外星人想活多久都可以，只在他們準備好時才會死亡（或離開），因此人類認為他們非常特殊，這是男女神祇的神話源由。然而，外星人知道他們總有一天必須離開並讓人類自己發展，於是他們與某些地球人異種繁衍，由此產生領導者，這樣地球人在他們走後便不致毫無協助。埃及法老王就是個例子，而且在一開始的時候，法老們也被尊為神祇。

★　★　★

瑞秋是替報紙和雜誌撰寫文章的自由作家，她渴求知識並對未知事物很有興趣。她覺得自己好像有什麼該做的事情，而恐懼總是牽絆住她。

當瑞秋從雲上下來，她身在一個類似宮殿的大型建築裡。「兩邊都有大石柱。我往外眺望水面，水是漂亮的藍色和青綠色，但是有些波動，上面有白色的波浪，所以一定有風在吹。我往右邊看，有個岩石，是岬嗎？岬上有些樹。我還可以看到一個小海灣，如果往下看，是個海灘。」

朵：這座宮殿是高於水面嗎？

瑞：噢，對！它在較高的崖上，下面就是海灘。現在正出著太陽，天氣很好。

朵：附近還有其他房子嗎？

瑞：沒有看到，我從這裡只看得到海。我站在陽台上，陽台邊有透明的薄紗簾子。我如果回頭望就會看到我的臥室，是開放式的空間。這裡很舒服，溫度在一年中的大部分時間都很舒適。

許多人住在這座宮殿裡，但大多是僕役。瑞秋穿著質地輕盈的垂褶衣服。「不是絲，但就像絲一樣滑順。」她大約二十出頭，深褐色頭髮梳疊成高高的髻，用髮帶箍住，身上穿戴著金飾——一只黃金的寬手環、戒指和厚重的金項鍊，這個金項鍊有個由金屬板製成的三角形吊飾垂掛在鍊子上。這似乎是個美好又詩意的一世：一位富裕的女子，所需的東西應有盡有並被無微不至的伺候。這會是令人嚮往的前世，但當她談起自己的生活時，顯然不是那麼完美。「我的臥室就是我的避難所，除非我允許，沒有人可以來煩我。」

朵：有人在別的地方煩你？

瑞：我必須做事。我有職責，王室的職責。好無趣。不認識的人也要對他們好。要出席晚宴、聽重要演說、參加協議，一坐要坐好久。

朵：這些都在宮殿裡進行？

瑞：對，還有在一哩外的神殿。他們用轎子把我抬過去。

朵：為什麼你必須參與這些事？

瑞：我是王室的一員，不得不去。他們認為我們是神，但我們不是。他們不瞭解，這是外星血統。

朵：你的意思是？

瑞：我們有外星血統，所以他們認為我們是神。我們知道的比他們多，我們有較多科技。我們是外星人和地球人結合的血脈。

朵：你能解釋給我聽嗎？我很有興趣。

瑞：不是很多人知道真相，但很久以前，外星人選了某些人在他們不在的期間來治理。外星人跟我的祖先通婚。

朵：一開始是他們（指外星人）在統治嗎？

瑞：對，他們控制人類。但他們已經好多個世紀不在這裡了。

朵：他們挑特定人選在他們不在的時候統治？

瑞：那是因為那些特定人選有外星血統。我們是混種。

朵：他們（指外星人）是好的統治者嗎？

瑞：不是，他們把人類當奴隸。他們覺得人類比較低階，就跟動物沒兩樣，只是好一點而已。

朵：他們最初為什麼會來這裡，你知道或聽說過嗎？

瑞：地球上有些東西，某些礦物，他們需要的礦物。人類沒有力量，人類就像奴隸。他們利用人類去採礦，然後耕種，服侍自己。後來他們就離開了。

朵：這是為什麼他們選擇了某些人……那個字怎麼說……異種繁殖？

瑞：要知道，他們不是神祇。他們不是人類，但他們也不是神祇。他們跟人類交合，出生的後代在他們離開後接著統治人類。他們的母星上有衝突，發生了戰爭，他們不得不離開地球。

朵：他們跟誰作戰？

瑞：跟自己人，還有外來者。他們不是神，但人類以為他們是，因為他們可以離開地球。

朵：那些跟他們戰爭的人也想要地球上的東西嗎？

瑞：對。真令人沮喪，而且不能公開事實，不然我們就會被推翻了。

朵：但你可以告訴我，因為我對你不會造成威脅。我只是好奇戰爭的導火線是什麼，其他族群想要什麼？

瑞：星系的主導權。他們爭奪各個星系，這個歷史可以追溯到很久很久以前。一個個種族、世界被摧毀，但總有少數存活下來，到了別的地方並佔領那裡，然後又重來一遍——又是更多的戰爭。而地球人卻認為我們是神祇或神的後裔，唉！

朵：他們只是有較多的科技。

瑞：對，加上人類在心靈上不是那麼進化。

朵：不過，你的祖先不得不離開是因為戰爭還是什麼原因？

瑞：他們被迫離開，他們輸了。勝利者使他們離開了。我們現在是個實驗，他們（指勝利者）在觀察，他們在保護我們。他們不會再讓任何干擾發生。

朵：這樣很好。可是你說現在你們是實驗？

瑞：我們是實驗。我們的族群；我們是混血。

朵：為什麼你會說是個實驗？

瑞：我們是很多種族的混合，但主要血統還是原先的種族。最早利用人類的種族。勝利的那方終止了繼續實驗，現在他們正在觀察會發生什麼事。

朵：這麼說來，他們不喜歡另一群來地球做負面的事。

瑞：他們停止了那樣的事。他們停止了戰爭。他們讓人類發展，不過只有少數人知道真相。

朵：而其他的地球人認為你們是神。

瑞：對，因為我們少數人仍有溝通的能力，有一些具有心靈能力。而且他們有……不對，機械不是正確的字……他們有東西可以協助建造城市和神殿。我們不使用那些東西了。我們的祖先用過，跟外星人一起使用。

朵：那些機器要如何操作？

瑞：它是一種能夠集中能量的裝置。部分是實體，可是也需要非常強大的心智力量來引導。我們有些人可以心靈感應，但不是所有人都可以。

朵：這是為什麼機器不再被使用的原因之一嗎？因為你的族群不再有那樣的心智能力？

瑞：對。沒有人真的知道要怎麼使用它們，要怎麼發動。透過專注心智並把手放在特定位置的話，這些裝置可以被啓動。通常會需要一個人來當聚焦點，其他人再透過那個人傳導他們的能量。

這聽起來很像《迴旋宇宙序曲》裡巴多羅米所提供的資料，還有《耶穌和艾賽尼教派》裡提到的艾賽尼派透過昆蘭圖書館裡的巨大水晶導引能量的情形。《地球守護者》裡的菲爾也是整個城市的能量導引者。

朵：這樣可以使能量倍增，是嗎？

瑞：是的。神殿裡有少數幾位仍有足夠的思想力量和能力可以啓動一些通訊裝置，但啓動不是很完全。還有一些裝置是我們不再有能力啓動的。

朵：那些觀察你們的族群並不想給你們這些知識嗎？

瑞：他們不會幫我們。隨著血脈變弱，能力也衰退了。越與人類混種，能力就越少。不過有些力量、能力也有遺傳給人類後代……該怎麼形容呢？……稀釋了，但也越多人有被稀釋的能力。我想是這麼說的。

朵：所以是部分能力，而不是那麼完全、純粹的力量了。

瑞：對，它是靠基因傳遞，隱性的能力，還有……（驚訝地吸了口氣）勝利者，他們刻意關閉了我們的某些力量。因為讓我們繼續擁有那些力量和能力太危險了。

朵：你認為是因為你們不知道怎麼使用的關係嗎？

瑞：喔，我們知道怎麼使用，但我們沒有用在正確的地方。

朵：所以他們覺得關閉部分力量會比較好？（對。）他們怎麼關的？

瑞：是能量，我在努力想。（停頓）比方說你有個具有巨大能量的太陽黑子，它能夠干擾地球磁場。就像是這個強大的裝置對著地球傳送。當然，我不是生在那個時候，但我聽說的故事是當時就像你聽到一個大到耳朵無法承受的聲音，等聲音停了，耳朵就聾了。像那樣，但不全然是。不過你就像失去了一個感官。這就是力量最初如何被關閉的情形。

在我的其他書裡，這被形容跟熔斷保險絲很類似。那些能力必須被取走，但隨著人們證明他們現在能夠正確使用這些能力，這些能力正漸漸回來了。然而，如果我們又如過去一樣多次誤用這些能力，它們還是會被再次關閉。希望我們能夠保有這些能力，因為在新地球，它們對我們將會非常有用。

朵：你剛剛說在你的時代，有些人仍擁有溝通的能力？

瑞：那是遺傳的，能力被傳遞下來，可是有損壞。類似幅射所導致的基因損壞，不過不是輻射造成的，那不一樣。

朵：是有意的？

瑞：喔，對。勝利者是來自不同的時空連續體，因為戰爭威脅到了許多星系。如果沒有被制止，它會導致許多世界、恆星、星系無法想像的大災難。

朵：你所說的「不同的時間（時空）連續體」是什麼意思？

瑞：不同的次元。他們來這個時空跟其他生命體合作。那些來自不同次元的生命體努力協助取回控制，並且穩定宇宙與星系。

朵：那麼他們工作的規模很龐大。

瑞：對。工作總是面臨威脅……擴散並產生連鎖效應的危險。對，這個字沒錯，連鎖效應。

朵：所以另一批外星人被迫離開，而且不准再回來。

瑞：對。這是和平協議的一部分。

《地球守護者》說過這個故事，最先來到地球的一群外星人，在更高的存在體的指導下開始播種生命，這就是他們的目標。數不清的億萬年來，他們旅行了許多銀河，尋找進化程度已經達到能夠支持生命的行星。他們的工作是開始生命的進程。之後，由於不干涉的最高指導原則，這群外星人會離開，讓發展中的物種自行進化。

但有別的目的的外星人來了，他們就是在尋找自己母星所需礦物的那群。他們留在地球並奴役原始住民為他們工作。異種繁殖就是在這個時候開始。議會這時也注意到發生的事，於是介入並驅逐入侵者，最初的實驗才不致作廢。我一直從許多催眠療程中得到這些真相，我也已將它們寫在我的其他書裡。瑞秋的故事再次強調及證實了這些資訊。外力介入使得心靈的能力/通靈力被稀釋，到了現代幾乎不存在了，但它們從未完全消失，只是在休眠狀態，它們仍存在於我們的基因和DNA裡。現在，這些能力再次出現並被啟動，以便使用在新地球。許多人也已注意到他們的心靈能力/感應力正在甦醒中。

朵：你剛剛說你和家人仍然有一些這樣的能力？

瑞：家族裡的每一代都會出現幾個有潛在能力的人，我是其中之一。我們有這樣的能力，這個能力仍讓人們認為我們是神。但我們不是。我們只有某些人具有這些能力。我們沒有那麼特別，我們就跟其他人一樣有情緒。

朵：你有的能力是什麼？

瑞：我可以分辨別人什麼時候說的是實話，我感覺得到。所以他們要我去神殿。那裡是判定許多事情的地方。

朵：像審判嗎？

瑞：不一樣。你們有你們的一般法庭，那是沒有特殊能力的人在審理。這個是當他們覺得我們的王國在某方面受到威脅，想知道大使有沒有說實話，他們會把我帶到宴席上，要我坐在那裡觀看。我不喜歡這樣，這樣不對，對方應該要知道我在做什麼。就算是家族裡的人，也不是每個人都知道發生的每件事。

朵：但有那個能力算是件好事，不是嗎？

瑞：不是。那是個詛咒。人一直在說謊，我都知道。（她情緒激動了起來）那就是為什麼他們讓我回到自己的房間獨處。太辛苦了，知道世上沒有什麼愛，真是辛苦。（哭泣）大部分的人都用心機、搞權謀，騙人、說謊和爭奪權力。

朵：而你都感應得到。

瑞：是的。我在房間裡就能遠離這一切。我的房間有（能量）防護罩保護，我在這裡不會接收到那些振動。我可以往外看看海，感覺被療癒。一個人清靜。

朵：你有沒有什麼方法可以暫時關閉你的能力，這樣就不用一直都有感應？

瑞：好辛苦。就像一直被轟炸一樣。我是可以關上它，但我必須很努力持續，如果我累了或想放鬆警戒一會兒，我就會被那些外界的東西淹沒。所以他們大部分的時間都讓我自己一個人，他們害怕如果把我逼得太緊，我對他們也不會有利用價值了。

朵：你的家人跟你有一樣的能力嗎？

瑞：我有個妹妹，她是療癒者，她瞭解。我們都為他們工作。

朵：所以這裡就算很美也不是個開心的地方。

瑞：對。不過我還有兩個孩子。

朵：你結婚了？

瑞：對，但他不在，他在外面處理政治事務，謝天謝地。我很高興他不在家。他想要個兒子。我們見面時，我能夠接收到他心裡的所有畫面，我不想那麼做。我不想知道他的心裡在想什麼。

朵：你的孩子有這些能力嗎？

瑞：我還不知道，她們還太小。

朵：這是你發展出的唯一能力嗎？

瑞：(停頓)如果有必要，我知道如何透過神殿裡的通訊裝置來導入能量。你如果有機會看到那個裝置，你會發現它一點也不起眼，看起來就像個石塊。但它最上面有個手可以放的地方，我會安靜下來，觀想光從我的頭頂進入，然後引導光從我的腳進入地裡。接著我把手放在石塊上，能量就會集中從我的手出去，傳進石塊裡，這樣就啓動了。

朵：接下來呢？

瑞：其他人就問問題。

朵：你是怎麼接收答案？

瑞：我就是知道。答案就在那兒了。

朵：答案是怎麼進來的？透過石塊，或是透過你的身體，還是別的什麼？

瑞：我不確定這個機制是怎麼運作，但我可以看到畫面，而且心裡有答案。總是很準確。

（停頓）我很擔心我的兩個女兒，她們還沒有被測試。

朵：不過就像你說的，越後代能力越弱。

瑞：我希望如此。

朵：你有沒有機會像你丈夫這樣出去旅行？

瑞：我不想。（情緒激動）我不想跟人在一起，我想自己一個人。只要有我女兒就好了。噢，我害怕他們很快就會利用我女兒來對付我。

朵：為什麼你認為她們會被利用來對付你？

瑞：因為我就是知道事情會那樣發展。他們不再讓我經常接近我的女兒。最初是我父親這麼做，現在是我哥哥。然後僕役、有勢力的大人物，還有那些認為那是用來控制我的方法的人。他們知道我不想再這樣下去了，所以他們用我的女兒來控制我，這是個辦法。他們甚至威脅要把我送到別的地方，讓我再也不能獨自在我的房間。他們威脅我，要把我帶離王宮，逼我跟遙遠的村裡的人們工作，他們知道那樣我的生活就不會再有美好的事物，只有人，而我也無法逃離人們的情緒。要不然他們就是威脅要把我關到某處的地牢，那裡有所有曾被關在那裡的人的情緒。他們以前帶我下去看過一次。（啜泣）好可怕！好可怕！如果我不照他們的意思做事，他們就一直恐嚇我。

朵：說出來很好。說出來就好多了，我能瞭解。所以那就是他們控制你的方法？

瑞：對，而且不讓我見孩子。但是她們越來越大了，很快就會被動搖來反對我。只有我妹妹瞭解。我不知道該怎麼辦。

朵：你能使用自己的能力來對抗他們嗎？

瑞：能力不是那樣用的。我能接收到每個人的想法。他們利用我的能量來接通神殿裡的裝置，提供他們資料。他們只是利用我，他們要的是訊息。

朵：但你知道的，如果他們把你送走，他們就沒有人傳訊了，所以你對他們很重要。

瑞：那他們為什麼一直恐嚇我？

朵：因為他們真的很需要你。我不覺得他們真的會那樣對你。

瑞：他們明明知道我不想那麼做。當我拒絕合作，他們就帶我去那個恐怖的地方。我不想回去那裡。我妹妹，她是個療癒者，她跟我不一樣，她不會接收到別人的情緒。她只要碰觸某個人，就知道他們的身體哪裡有問題，她會知道該用藥草或什麼方式來治療。她無法提供掌權者跟他們權力有關的訊息。她能療癒人，所以對於讓人們印象深刻這點來說，她很重要。她也很開心自己能夠治療人，所以她不像我一樣覺得被利用，因為她是在幫助人。

她似乎非常不開心，我決定讓她離開那個場景，移動到一個重要的日子，希望是狀況比較好的一天。但我想錯了，她似乎無法擺脫她所經歷的折磨。

瑞：(深嘆一口氣)我現在回到我的房間了。(停頓)我見了我女兒，我帶她們到海灘走走。天氣很好，水很溫暖。我們玩水、玩沙子。很開心。我們帶了東西去吃，很愉快。我告訴她們我有多愛她們，而且不論未來發生什麼事，不管我化成灰還是什麼的，我都會在她們身邊保護她們。他們只讓我跟孩子相處一個早上，因為我傍晚要去參加一個晚宴。

朵：然後你要做你平常的工作。

瑞：可是我不會去。(停頓)我已經跟孩子們告別了，我打算跳陽台自殺。

朵：(訝異)噢！你認為沒有別的辦法了嗎？

瑞：我不要再讓別人控制我了。我也不要去那個他們威脅要送我去的恐怖地方。我要回到靈界。

朵：你認為那是唯一的路？

瑞：(深深嘆氣)對。我不要再被利用了，也不要因為被送去那個地方而發瘋。就算他們發現也來不及了。

遇上這樣的案例，我都會讓個案述說自己的故事，絕對不能介入或影響他們。

朵：你已經下定決心沒有別的路走了？

瑞：對。所以我早上跟孩子玩，跟她們說那些話。

朵：算是跟她們告別。

瑞：對。我必須這麼做。我不要再受制於人。

朵：好，我瞭解。跟我說說發生了什麼事？你不必去經歷，只要說就好。你現在在做什麼？

瑞：我拉了個小凳子到陽台的欄杆邊。我踩著凳子，抓著石柱往上爬，一手撐著柱子，站上了欄杆。我朝房裡看了最後一眼，然後閉上眼睛，往前一跳。我掉了下去，撞到下面的岩石。然後我看見自己躺在岩石堆，現在我正往下看著自己的身體。

朵：你離開自己的身體了。

瑞：喔，對。我不能繼續讓他們利用我。那樣不對。

朵：我瞭解。你在看著那個場景時，有任何人發現你的屍體嗎？

瑞：過了一陣子，大概幾個鐘頭吧，終於僕役們過來敲我的房門。平常他們知道沒有我的允許，不准進我房裡，但他們必須把我打點好，我才能出門赴宴。他們一直敲門，一直敲，一直敲，卻都沒有回應。他們開始害怕，趕緊去找個較有權力的人過來。結果開門一看，我不在房裡，但陽台邊有個小凳子。然後他才往陽台外一看，看到我的身體在下面。來不及了，我早就死了。

朵：他的反應呢？

瑞：（笑出聲）大家一陣混亂，這把他們的計畫都打亂了。那個小官很害怕，因為他必須向我哥哥報告發生的事。

朵：至少現在你解脫了。你再也不必參與了。

我接著引導她飄離那個場景，指示她的靈魂到一個平靜的地方。接著我召喚潛意識前來，好詢問瑞秋的問題。當然，第一個問題總是為什麼潛意識要讓她看見那一世？

瑞：向她解釋她的恐懼。她害怕受制於人，害怕開啟心靈能力。害怕使用能量。

朵：可是你知道使用能量並不都是負面的。

瑞：是的，她知道。但下意識的記憶裡總是有當年誤用的陰影。因為她的超感應力，她接收別人情緒的能力被使用在負面的目的。不是用來助人，而是為了權力和掌控。

朵：有道理。那麼這段前世對照瑞秋現今的生活，你們想要告訴她什麼？

瑞：那是當時的事了，她從那時起已經學到很多。她再也不會像那樣被利用了。

朵：對，她不會允許別人那樣對她。而且，我們這個年代很不可能會有那樣的事發生。

瑞：沒錯。但她一直害怕開啓心靈能力，害怕接收到別人的情緒，害怕自己如果完全敞開會無法控制那個能力。她這一次不是害怕能力被誤用，而是如果這個能力真的被允許開啓，她就無法再關上。但她已經學到了。這次有不同的基因組合，她也學了不同的能力。在轉世之間的過渡期所學的能力。她需要開始使用這些能力去感應別人，幫助人們療癒他們自己。她要去使用這個瞭解別人恐懼的能力，幫助他們說出恐懼、覺察恐懼，這樣他們才能克服恐懼。

朵：你認為恐懼是使人生病的原因嗎？

瑞：對。而且恐懼會使人們停留在不再健康或無法提供靈魂成長的關係裡。如果恐懼是用來防止正向的行動，那麼它是負面的。當恐懼警告身體有危險時，恐懼是正面的。當恐懼示警情緒需要改變時，恐懼也是好的，而且她有能力感應情緒上的不平衡。恐懼是所有負面情緒的根源，它以許多不同的方式呈現。瑞秋有能力幫助人們先找出表面的恐懼，然後往下挖出恐懼的根源。她將會需要打開她的超感應力，但是是要在能夠駕馭這個能力的模式下，去感受別人的振動，而且時間剛好就行。換句話說，將感應的時間控制在取得能夠幫助對方療癒的資料，而不被對方的恐懼和情緒淹沒就足夠了。她只要短暫觸碰對方的手便能取得需要的資料。她先觸碰對方的手，接著再碰觸對方第三眼的位置。只要短短幾秒就好，然後手離開，這樣她就能知道了。這是超感應力。她會感受到他們的情緒。感受到他們的恐懼，深層的恐懼。一旦她知道後，就能開始問對方問題，她將會引導他們暢所欲言說出想法。她知道答案，但她會做到讓對方回答了他們自己的問題。

朵：所以基本上是他們自己療癒了自己。

瑞：那是最好的療癒方式。靈氣是使用能量暫時重新平衡流經所有脈輪的能量流。她也可以運用靈氣，她在未來的某些案例將會使用靈氣。她將與意識合作，帶出下意識的恐懼。她會知道要問什麼問題。當她觸碰時，她會有所感應，然後知道該問的問題。她也能讓他們瞭解他們自己的問題。

朵：她會開始接收到人們的想法和能量嗎？

瑞：只有在她選擇要這麼做的時候。

朵：對她來說，能夠隨意開關這個能力尤其重要。我們不想再像上次一樣。

瑞：非常重要，沒錯。她將會是引路人，也就是說，她會讓人們看見他們自己的道路，這樣他們就可以自己做出選擇。

身體問題：腳踝斷裂，因為她說她需要休息一下（take a break）（譯注：break有打破、斷裂，也有暫停、休息之意）。「斷的是左腳踝，因為她抓著過去不放。她害怕往前走，這是為什麼是左邊受傷，而不是右邊。往前走就是了。不要流連於過去。」

在我的工作中，潛意識每次對身體問題總是給出一樣的答案。它說了很多次，發生在身體右邊的問題指的是當前的事；任何發生在左邊的問題則代表過去的事，不論是這一世的童年或前世。而任何與身體末稍（臀部、腿、膝蓋、足）有關的問題，表示個案害怕前進，通常他們正處於人生的十字路口，試圖做出決定。我從問題出現在身體的哪一邊可以得知恐懼是來自現在或過去。總之，個案身體的不適告訴了我許多他們的人生現況。（請閱讀我的女兒茱莉亞．侃南所著的《靈魂在說話：聆聽身體的語言》，書裡有更多身體症狀與意義的說明。）

★　★　★

我在結束催眠前，總會請潛意識給個案一些建議。我稱此為「臨別贈言」。臨別贈言：只是要提醒她，她現在知道了要如何開關她的能力。她不用害怕開啟能力這件事。如果她打開後，覺得無法應付，她能夠馬上察覺並且關閉。她可以關掉那個能力。沒有人控制她；她自己控制開關。她有時會允許別人使用她的能量，但唯有在她允許下才會發生。但那會這是她的選擇。她現在不再受制於人了。

第三章 勿重蹈覆轍

席拉是另一位處於人生十字路口的個案。她是個老師，但覺得教書不是她的人生志向，她覺得她在尋找某個遙不可及的事物。她的難題之一在於是否應該搬去別的地方尋找她在找的方向。生命中充滿太多不確定的事，她希望在這次催眠中找到答案。

當席拉進入前世，她看到一道牆。這道牆圍繞著一個坐落在水邊的大城市。「不像要塞，但很大，看起來可以容納很多人。好幾百個人住在裡面。有的建築好像塔樓，不同大小，但都很高，有著小又狹長的窗戶。沒有士兵。這裡很古老，像蘇美人時代那麼老。」這裡的天氣總是很熱。她看見自己是位年輕的女子，有著長長的金髮，穿著一件飄逸的白色長罩衫和涼鞋。她也戴著手環。「金屬的，上面沒有寶石，正中央的位置蝕刻著圖案。它們很稀有，我只把它們戴在左手臂。左邊比較重要。」

朵：為什麼左邊比較重要？

席：這樣能夠創造，能量就是那樣流動的。我們在左邊創造。

朵：你的意思是？

席：那是我的工作。你把手伸出去，然後能量就能流動。這是為什麼你要那個金屬來汲取創造的能量。它是透過左手吸引。就像療癒，但不是用在自己身上。當你使用手的時候，能量就會出去，而金屬就是能量的導體。

朵：它能放大能量？

席：對，所以這個金屬才那麼珍貴。

朵：能量是從哪裡來的呢？

席：來自外部，但你要學習傳導能量並賦予它形式。

朵：那你如何運用這個能量？

席：用在溝通，但不總是用言語，還有其他的溝通方式。使用符號／象徵（symbols）就不必擔心是什麼語言了，因為人們了解共通的符號／象徵意義。它們總是有固定的意思，所以如果你讓能量就這麼流動，你就能透過它來傳遞訊息和分享智慧。這很像煉金術（alchemy），因為它會改變形式，所以它不只是你們人類的聲音的表達，它是其他生命的聲音…其他層次的光之存有可以讓這個能量通過你，因為它很純粹，不會因語言的意義而改變。

朵：所以象徵／符號有很多的訊息。

席：確實如此。

朵：而你知道怎麼解讀？

席：是的，我知道。

朵：它們是像夢的象徵還是幾何圖形？還是什麼？

席：兩種都有。一個符號可以比一個字具有更多訊息，因為收到的人會自己定義，所以不是我告訴他們符號的意思，而是他們接收到什麼。如果你看到一顆星星，它的意義跟我想的星星不見得一樣。這就好像我告訴你去看一顆星星，而你不必會說我的語言就知道星星的意思。

朵：所以每個人會有自己個人的詮釋？

席：這就是他們來的目的，對。

朵：那麼你汲取了這個能量，你會以任何特定方式引導它嗎？

席：你可以汲取它。可以保有它。可以記錄它。通常我先記錄供以後使用。

朵：所以你不必把它傳送出去？

席：不用，你可以保留能量。你可以把它形式化。可以放在金屬裡。可以放在石板裡。你可以把它藏在一個神聖和受保護的地點，這樣人們就不會拿走和誤用。能量很純淨而且是受到保護的訊息。

朵：我本來想的是把能量送出去，因為那是療癒者的做法。

席：我不是療癒者。人們去別的地方接受療癒。我是女祭司。

朵：你說你記錄能量。(對。)你如何記錄？

席：繪製符號。你可以畫在牆上，你可以把能量放在神殿和白石柱上。人們以為石柱是白的，其實不是。它們上面畫有能量符號，但不是每個人都能讀，只有應該要看到和解讀的人能看到，其他人只覺得它們是上了漆的石柱。準備好的人就會得到信息。

她在一個神殿裡，她說她住在這裡也在這裡工作。我好奇這個神殿有沒有特定的供奉對象，就像羅馬和埃及的神殿是為許多不同的神祇而建。

席：沒有。如果這裡人越多，力量就越大。大家一起工作，訊息就可以接收得更好。我也許有一種能力，但另一個人有別的能力，如果把能力合併，力量就更強大，你能夠接觸到更多人。如果人們會誤用這個力量，你就不指引他們。但如果人們準備好了，他們就能理解。

朵：我在想有的神殿供奉男神和女神。

席：我們不需要……(有)上帝源頭……上帝源頭。

朵：你是哪種女祭司？

席：我只是個傳訊者。我聆聽，然後轉譯解釋。即使沒學過那些語言，我也能說。我們找到一種不必學習全新語言，但足以給出重要訊息的方法。訊息不只是給菁英。神不會對人隱瞞。人們來此朝聖。他們來了，我們就歡迎他們。他們帶食物來，不是供品。他們帶東西來交換，不是金錢，這是公平的交易。他們的禮物是收到訊息或智慧之語的祝福，就像珍珠一樣。

朵：你說你住在神殿裡？

席：我們很多人都住在神殿裡，上百人，什麼年紀都有。有的來這裡工作，有的來學習和教導，每個人都學習。有的人做療癒工作，我沒有，是別人在做。他們癒合斷掉的骨頭。他們治癒心靈。他們治癒受傷的身體。他們療癒有害的想法。有時候他們幫不上忙，有時候他們把人治好了。

朵：你教別人你會的東西嗎？

席：是的。

朵：你喜歡你的工作嗎？

席：噢，有時候我會誤用我的能力（她開始有情緒）。

朵：為什麼這讓你困擾？

席：我認為我們用這個能力殺了人（她很難過）。這就像是一種力量。他們想：「現在我有力量了。」於是就殺人。我討厭這樣的事。很黑暗。但你能怎麼做？不教了嗎？

朵：所以一旦你教會了他們，你並無法控制他們。你不曉得他們會用這個能力來做什麼。

席：是的。如果他們去殺人呢？如果殺了人，你要不要把能力收回？是要把他們踢出去？

驅逐他們……還是不論怎樣就繼續教？是要放棄……還是等他們回頭？我不喜歡做這些選擇。

朵：是只有少數幾個人把能力用在負面用途嗎？

席：只有幾個人，但只要幾個人就能造成傷害。他們會造成破壞。他們會毀了神殿。毀了彼此。他們只想破壞。他們想偷竊，想聚積、囤積和……我不知道該怎麼做？我們可以停止，但我不覺得這是正確的做法。我不認為我們應該停止，但如果我們只選少數人教導，那一樣糟糕。要是療癒者只挑他們想要的人療癒呢？如果園丁只澆灌他們要的？那算什麼？那不對。

朵：但他們用你的教導去做了什麼並不是你的責任，不是嗎？

席：我不知道，算嗎？是我的責任嗎？我不知道。沒人教過我。應該要有人知道。你不會拿個禮物到處送給將來會殺人的人。

朵：你沒辦法預先知道這些，不是嗎？

席：我想要知道。他們來學習，如果我能解讀他們，也許我可以把他們分開教，只教他們無法用來殺人的東西。但我不知道要怎麼分辨，也許我年紀大些就知道了，也許我還不夠老。

朵：你有他們把你教的東西用在錯誤地方的例子嗎？

席：有，他們製造武器。我教給他們能力，但那應該是創造的能力。我教他們創造任何事物的能力，結果他們做出壞東西。他們不應該創造出不好的東西。

朵：他們做出哪種武器？

席：像是某種劍，但那種材質一揮就能造成破壞。它可以摧毀任何東西。像把劍或刀，水晶似的，劍鋒很利，可以切割。就像是手一伸出去，就有能量從手裡出來，你看得到它，就像把光刀。

朵：所以那不是實體的？他們創造出的是能量武器？

席：是的，因為如果是能量，你可以傳導能量用來療癒，但他們拿來殺戮。那是同樣的能量，只是看你怎麼使用。

朵：可是人們做這些壞事仍不能算是你的責任。替代的做法是就是不要每個人都教。

席：你能怎麼辦呢？

我請她描述她住的神殿。「巒大的，有很多大石柱，上面都有圖畫，牆也是。神殿裡有房間，我們從房間裡看得到外面，房間屋頂有開口，可以看到星星，星星也是象徵。往上看，你可以運用星星，使用反射的光影，使用天氣，使用光，每一樣事物都是傳訊者。就好像在圖書館，書是傳訊者，只不過你不是在書的圖書館，你是在人的圖書館，每個人都是信使。」

朵：你知道怎麼解讀星星嗎？

席：是的，我知道。星星移動並告訴你事情，就像預言。它們警告你變化。當有強烈能量出現時，它們預告機會。星星是能量，如同天氣是能量，水是能量，潮汐也是能量。星星是能量……不只是恆星，還有衛星也是能量……有許許多多的事物，而這許多事物都是能量……當你看到某個……如果你看到龍捲風要來了，你知道要找地方躲；看到日照大了，你知道要栽種了；看到烏雲蔽日，你知道這可能會毀了你的植物。所以透過星星一樣能預知事情的發展，因為星星給的訊息就是預言，星星可以告訴你未來的事。

朵：有人教你這些事嗎？

席：神諭（oracle），那是我想不出的字。星辰是神諭。是一位能解讀神諭的人教我的。解讀神諭可以得知何時有死亡、何時會有變動，可以運用在何時遷移部落、何時該避難、種植和生育小孩。

朵：所以學會這些事情很重要。

席：嗯……並不是一定要學，你可以等著事情發生。不過如果你預先知道，你就能充分利用你得到的訊息。

當我問席拉有沒有家人時，她情緒激動，哭了起來。「我覺得沒有，我想他們死了，所以我才流落到神殿，他們收留了我。這裡是家，我一輩子幾乎都在這裡，我不記得去過別的地方。」她說她的名字是一串母音組成：麥－阿－亞（音譯）。

朵：其他在這裡工作或療癒的人，在教導上也有同樣的問題嗎？

席：好像也有。他們把受傷的人帶回來，於是我教這些人知識，但他們卻用來製造武器，傷害人。他們再把人帶回來療傷，然後我再把他們送出去傷害別人，就這樣循環（厭惡狀）。所以你能怎麼辦？不教了嗎？不治療了嗎？我給了錯誤的訊息嗎？我是不是哪裡沒做對？我要選人教嗎？選錯了怎麼辦？有好多的決定要做。

我移動她到一個重要的日子，她開始哭了起來。這時她已經結婚生子，她的寶寶剛夭折了。「是生產的過程，有狀況發生。他剛出生時還好好的，我抱著他，然後他就死了，我不知道哪裡出了錯。療癒者盡了全力，可以做的都做了，但就是發生了。我有所有的療癒方法，我不知道為什麼會這樣。」這個孩子在神殿出生。我問起她先生，他是否也做跟她同樣的工作。「他很有智慧。他在別的地方工作，不過他非常聰明。他建造東西。」

朵：所以他不像你一樣使用能量？

席：對。他建造的東西很美。

這是悲傷的一天，於是我再次把她移往另一個重要的日子。那天有慶祝活動。「有慶典。人們帶了東西來分享。大家歡慶、跳舞、唱歌，很歡樂。是夏至，我們透過星辰知道的。這是誕生的時期，很多孩子在這時候出生，農作物也長得很好。旅人搭船前來，這是豐饒和節慶的日子。」她現在比較老了，有四個孩子。

朵：你自己教他們嗎？

席：他們做別的事。他們不是歸我教的。他們留在神殿，學習其他的事。他們自己選擇。

朵：還有什麼可以學的？

席：他們建造花園。建造神殿。醫治人。寫作。他們記錄。他們是計劃者，他們喜歡組織規劃，找出適合每個人的地方和最棒的天賦。你什麼都可以做，你可以做珠寶首飾。當夏天船來了，你可以坐船去旅行。這些船帶回香料、布料和旅人。你也可以隨著船外出，帶回異地美麗的東西和知識，跟來自不同地方的人一起回來。你可以當旅行者。你可以自由發揮天賦。

朵：這時候你們周遭還有那些負面的人嗎？

席：比以前少了。我們有自己的能量來保護自己。這樣挺悲哀的，因為你必須拒絕別人，他們不能進來，因為他們讓情況變得不安全，所以你學到把能量當護城河使用。它是流動的液態，不是像道牆。如果他們想試圖穿過，他們會生病死去。他們現在不能進來了，如果他們選擇要誤用能量，他們就回不來神殿。我們以前不曉得要怎麼做。

朵：你們什麼時候發展出這個防護的能量？

席：我丈夫發展出來的。他是個戰士。你可以是個戰士而不殺戮。（的確。）你可以是保護的戰士——這個能量就像護城河，像液體。如果你是從遠處看，你會覺得看到海市蜃樓般的幻影，像波動的能量般擺動。但它不是實體，你可以看穿它，但你會以為是自己的想像。你認為你看到一個城市，可是你不會想靠近。因為如果往那裡接近，人會不舒服，你會想：「我是瘋了才過去。」所以他們都離得遠遠的。他們會避開。不過如果他們是注定要來，他們就會直接穿過幻影。但如果他們是黑暗的，這個幻影就會有驅逐／防禦的功用，他們雖然看到城市，但他們認為是自己想像出來的。他們不會想來這裡。

朵：這太好了，因為你很在意這點（指學習能量卻用在負面）。

席：我年輕時會，現在不會了。我現在老了。四十歲了。我學到很多。我仍然在工作，但一切都很好。我們比較安全了。

我接著將她移動到生命的最後一天，看看那天發生了什麼事。「你選擇離開。你選擇結束，然後有一個像是餞別宴的儀式來告別——不是玩樂的宴會——是個聚會，然後你就瀟灑離開了。」

朵：你的身體並沒有問題？

席：沒有，沒有病。我們克服了疾病。

朵：你就是決定是該走的時候了？

席：你覺得準備好了。你可以選擇。也許你只是需要回去（靈界）回顧或做些改變，但你並不難過。不會難過。家人也都了解，沒事。他們知道他們將來也會這麼做，大家都是這樣的。你不是被殺害或摧毀，你就像是逐漸消散進入靈界，就這樣離開了。我們有人會幫助你放下，離開。你準備好後，他們會幫助你改變身體與靈魂間的連接，然後你就只是解除這些束縛，再來你就脫離了身體。他們會告訴你怎麼做，他們會教你。我們神殿裡有人會幫你跨越生死的界線，他們是跨界入口的看守者。死亡就像出生，只不過是反過來的過程。

我沒有讓席拉經歷死亡的細節，我把她帶到死亡過程結束，當她脫離了身體，跨越進入「另一邊」之後。個案從那裡的觀點可以看到和了解更多的事情。我問她接下來的情形。

席：就像你沒有離開，只是你的身體消融了，其他部分還在。如果你想的話，你可以留下來看看，但不怎麼有趣。

朵：你的意思是真正的你，你的靈，可以留下來觀看？

席：不是你的靈，是你的本質，一直以來的你。你的身體只是一個載具，它是暫時的，所以身體消散後你又回到你的本質（真正的你）。你不在身體裡還是有可以學習的事情，於是你離開了。他們火化了屍體。

朵：每一世都有個課題。你覺得你從剛剛的那一世學到了什麼？（席拉變得激動）怎麼了？你為什麼激動？

席：（輕聲地說）我覺得好渺小。我不認識這個世界。這就好像你必須把知識控制在神殿裡，但你做不到。你得把他人拒絕在外，而這很悲哀，因為我不知道……你要指引人？還是就放棄算了？我認為不如把知識藏起來，直到他們變得比較聰明。他們不怎麼聰明。

朵：然後不跟任何人分享嗎？

席：暫時不跟人分享。他們太野蠻了。為什麼他們會這麼野蠻？

朵：但不是每個人都這樣。

席：對，可是我們不能永遠都住在這個小小的神殿裡。那不是人生的目的。我在神殿確實有學到東西。我從來沒離開神殿，從來沒有。我去岸邊，我去神殿，我去花園，我去了城市的邊緣，但我從來沒進去城裡。從來沒有，因為我討厭進城。我覺得與世隔離比較好。我以為我可以吸引大家過來，但這格局太小了。如果有人願意等，我就會幫助他；但這太渺小了，我不喜歡。我想我應該要有雄心，也許我學了很多有關渺小的事。我只學到渺小。我認為這是很好的起點，是值得學習的一課，因為我學到了所有和天上星辰有關的技能，我學到了能量，學到了圖書館的事，可是我不知道要怎麼超越？要如何跨過阻礙？因為好黑暗，我不認為跨越出去是我的人生目的，我的目的是留在圖書館，但它是那麼地小。孩子們跨出去了，他們是雲遊者。他們離開我。沒關係，我不介意。

我請她飄離並下指令讓席拉的意識回來，這樣我才能帶出潛意識。我問潛意識為什麼給她看那一世。

席：她不喜歡自己做的選擇。她選擇了留下；她原可跟著孩子們出去，當個雲遊者。她原可搭上那艘船出去旅行；她可以出去再回來。她的格局可以更大。她膽怯。她選了安全的地方，然後後悔了。

朵：她那時候做得不錯，不是嗎？

席：是不錯，不過她不必再那麼做了。

朵：你認為她這一世又是同樣的情形？

席：是的，我是這樣認為。她又這樣了。她已經在十字路口。她沒有注意到。

朵：所以你讓她看那個前世來對照？

席：我努力讓她了解。上次她怕走出去。上次她以為離開就回不來。上次她以為上了船就會死。上次她以為會失去孩子。上次她以為留在圖書館才安全。上次她以為她需要護城河來保護。她以為他們會殺了她。她以為她的能力會被濫用／錯用來殺人，所以她連試都沒試。而現在她說她不能離開，但她已經那樣選擇了（指不離開）。她知道會發生什麼事，她知道；我看得出來。——她將會死去，她會回到靈界，然後她會哭泣，因為她沒有離開，再一次沒有離開！我們會要她重來一次，直到她離開。這全都在於她，看她要重做幾次。

朵：是的，如果沒有學到課題就得重修，是吧？

席：是這樣，而且她也聽到了。她很固執。

朵：她一直被西雅圖吸引，你們覺得如何？那樣做會是離開舒適圈，離開安全的地方。

席：那裡的能量很好，能量跟她很合。圖書館的能量在那裡，那些人的能量，園丁的，建築者的，療癒者的，都在那裡。她知道的。她太習慣於停留在原處，她以為離開她就會死了。

朵：她說她的家人不想她離開。

席：她當時的圖書館家人並不在意，她自己在假設。她不問。她從來不問。她應該要問而不是自己猜想。

朵：她說她父親不想她離開。

席：她父親十八歲從軍，跟著海軍去了關島。那是離家。她是家裡的老大，出生時父親就離家了。他根本不在。當家裡第一個孩子出生卻夭折時，他離家四千哩遠。

這是我在工作中發現的事，如果一個嬰兒出生後就夭折，然後家中很快有另一個孩子出生(通常在一年內)，往往那是同一個靈魂。它選擇了要去那個家庭，如果第一次沒成功，它會再試一次。

席：我想她如果沒去西雅圖，她將要重來一次。她甚至試都不試。我想如果她不試，她永遠不會安歇。因為她必須一再地重來，直到嘗試過為止。這在靈魂契約裡。

朵：席拉說她幾個月前出了意外，撞到了頭。那次是怎麼回事？

席：她需要回家。(譯注：指回靈界)

朵：那次有可能就回家了嗎？

席：她是可以回家。她悲傷的那部分結束了。

朵：她說她感覺自己可以在當時就離開，從人生退場。

席：席拉沒有(退場)。在撞毀的車子裡只有她的身體，她沒有在裡面，裡面的只有身體。只有身體在車裡而已。我從來沒有離開。那會是結束那個身體的一個方法，像之前消融進入靈界也是。

朵：我們想要她瞭解是怎麼回事。所以她決定了不要讓那樣的事發生嗎？（指結束那個身體的生命）

席：她回來是要學習「離開」。她不必從當小嬰兒開始。她可以用她現在這個肉身來學習課題。

朵：所以決定是她不走？她會回來再留一陣子？

席：那都在星象裡。一切都準備好了。那是可以試著再學一課的時機。如果不成功……就回家。

朵：所以對她來說，現在要做出正確決定很重要，不是嗎？

席：這是為什麼她回來了。在這個身體裡。

朵：所以這個身體有重要的事情要做？

席：對，沒錯。不只是西雅圖。西雅圖將是她的家，然後她會去各地。她會因工作而旅行。她是老師，她會為教學而旅行。她只是個信使。老師們也只是信使。教導有很多方式，她會旅行，然後回到西雅圖的家。若不是這樣就要重來一次，看她想要重來幾次。

朵：我在猜想，但我認為如果她不做決定，那她就沒有任何理由要留在這個身體裡了？

席：對，沒有理由繼續待下來。

席拉的眼睛一直有問題，她開始有白內障而且快速惡化，這個狀況對她這個年紀很不尋常。以下答案顯然解釋了原因——她不想去看自己該去做的事。

席：她創造了這條路。這條路會往後退，不僅是往前進。這不是十字路口。這是同一條路，但能前進也能後退。當你上了路，你不是在道路的起點，你是在道路上。你朝著一個方向，然後往前；如果你換個方向，你並不是在另一條道路，它還是同一條，而你是在走回頭的老路。你已經選擇了這條路，你已經調轉前進或後退了。她看不清楚是因為她是回頭往後看。這就像那白霧。不應該走回頭路的，如果她看得清楚，她就能看到路，但當她轉身往後，她看到的是霧。看不清楚是因為她那麼選擇了（指調頭而沒有前進）。不要那麼做。這是為什麼視力會模糊。

朵：如果她做出走上正確方向的決定，眼睛就會好轉？（是的。）她就不用擔心要有手術的事了？

席：對，如果她選擇前進的路，就不會有手術。

朵：他們說白內障來得很快。

席：因為她做了錯誤選擇。她停止了前進，當她停止前進，她的視力就離開她了。她想做什麼都可以，但直到她在正確的路上，視力才會回來。她本來在對的路上，直到她害怕了並擱下一切事情，然後視力也模糊了。身體總是會提供訊息，有跡可循的。

她也開始有糖尿病的跡象，潛意識說那是因為她的生活缺乏開心的事。「糖尿病是一個訊息。她是個傳訊者，她的整個身體就是信使。所有的身體都是傳訊者。我知道她的問題是什麼——她不讓訊息流入。如果她願意聽聽訊息，喜悅也會跟著流入。如果你是個傳訊者，而你怕給出訊息；如果你曾經因為講出訊息而受罰，於是就停止說出訊息，那麼生活就沒有喜悅，只有悲傷。她不聽訊息，如果她聽的話，糖尿病也會消失。」我知道潛意識能當下療癒她的糖尿病，但它似乎比較喜歡由席拉自己來做。「如果她要求，我會幫忙。如果她不聽訊息，我不會幫她。我只好再給她另一個訊息。我之前給她的是簡單的。」

朵：那麼這個決定非常重要，她生活中的一切都取決於這個決定了。

席：她使情況變得比原先更辛苦了。就只是個選擇而已。

朵：她擔心她的家人。

席：不是只有一個家庭，還有靈魂家族。它在重要性上更高。更重要。不必一定要有血緣，可以是你的心之所在，你看到他們就會知道了。如果她都不出去，要去哪裡見到他們呢？

我詢問這世她對占星的興趣是否源自其他世。「星辰是預言，非常容易解讀。非常容易。你不用學一個新語言，星星都是一樣的，每一世都是同樣的星星，所以你不用重新學習新的語言。你只要學習夢境和星星所象徵的訊息，不必重學任何東西。」

★ ★ ★

臨別贈言：她必須找個安靜的地方來連結我，因為我無法穿越她的混亂傳送訊息。她不聽。她的心必須靜下來，她必須選擇那個安靜的地方（連結我）。那是唯一穿越混亂的方式。靜下來時，她必須信任那是我。她可以從身體感覺到。那個感覺非常平靜。我會給她看些符號／象徵，她能瞭解感受、象徵和畫面。她完全聽不懂跟她說的話。我會給她看象徵／符號。要當傳訊者就必須要有不只一個方法。有時候你關上一扇門，那麼你必須打開另一扇門。就像有時走大路，有時繞小道。

第四章 古代療法回歸

翠娜是退休的護理師，她主要想知道她的人生使命，我稱之為「大哉問」。每一位個案的問題清單上都有這個疑問。「我的使命是什麼？我為什麼在這裡？我這生該做什麼？我在正確的道路上嗎？」我很少看到有人不問這一題的。如果有人沒問，我很可能會說：「有個問題沒在你的清單上。」當我告訴他們是什麼問題，他們通常會說：「那是因為我已經知道我的使命，而且我在做了。」可是這樣的人很少見，大部分的人仍在人生路上跌跌撞撞，想知道自己為何來這一遭，他們也擔心時間不多了。雖然翠娜從事的是助人的職業，但她並不滿意，她覺得還有更多可以做的。

我連導引詞都還沒結束，翠娜已經開始描述自己所在的地方，我連忙打開錄音機並扼要重述了她剛剛說的話。她在一個美麗，聽來神聖的環境，茂密的森林，有著一條條美麗的小徑及一池池的潭水。她說海洋的水有神奇魔力，海洋裡充滿魚、蝦和貝類，那是療癒的水。「我們都知道要如何使用神奇的水。它延續我們的生命，因為我們照顧它。我們的食物來自海洋，我們非常尊敬它。」附近的村子住了許多人。她看見自己是個留著黑色長髮、深膚色的年輕女子，穿著一件色彩鮮豔的漂亮衣服。「我們得到海洋的禮物。我們用它們做飾品，而且有些貝殼有治療的特性。我們把某些貝殼磨成粉，加進食物裡，它能平衡我們的身體系統。我們從來不生病，因為我們聆聽身體，我們傾聽大地。」我問她那是不是某種特定貝類。「我看到它外面亮亮的。不是很大，比手掌小一點。像鸚鵡螺，但又不完全像。它比較開一點，中間的顏色是孔雀藍。我們也會把小的拿來磨粉，敷在傷口上。」她也知道樹林裡哪些植物可以採摘來當食物或藥材，她不是唯一知道的一個，村子裡有其他人也懂得這些知識。「我們受到指引。我們傾聽自己的心。我們知道的知識不是只靠口傳，我們傾聽。當身體使我們不舒服時，我們知道那表示什麼，我們知道要怎麼去照顧它。我們似乎與大地有連結，我們曾經記得如何療癒地球。我相信我很可能是主要的媒介，但我會與人分享知識。」

村莊裡的棚屋，內牆筆直，屋頂覆蓋著棕櫚葉，空間感覺很開闊。每戶人家有自己的小屋，但他們也會聚在一起分享。「分享故事，分享知識，像個社區。」她這樣形容自己的小屋，「屋裡味道很好聞，裡面燒著香，牆上擺放一罐罐的藥草。它們種在容器裡生長，然後乾燥。不論誰生了什麼病都可以拿這些藥草來用。」她一個人獨居，沒有家人。「我們從來不會覺得孤單，他們在我心裡都是家人。」那個地方還有其他村落，不過離得很遠。「我們從岸邊採集東西，然後交換。」

朵：你說你們傾聽大地，你的意思是？

翠：進入冥想，問對問題，答案一直都在。我們信賴源頭（她似乎在與另一個人說話）。我們有答案，不是嗎？（笑）你在笑我……你說我是傻孩子。

朵：誰說你是傻孩子？

翠：那位漂亮、頭髮又多又膨的。是的，我現在可以看到她。她就站在那兒，給我那種「你已經知道答案了」的表情。她這麼說：「對，而且翠娜需要知道。」我可以看見她，她在提醒我，她就是我，我有所有的答案。

朵：當你看見這個女人叫你翠娜，你知道她跟你的關係是什麼嗎？

翠：（笑）她是我。

朵：你是怎麼知道的？

翠：我不知道，但我覺得她是我的一部分。她在提醒我，我需要冥想，說我會得到答案，而且很容易就得到。去做就對了！（笑）她給我一個故作神秘的表情，搖著手指說：「你記得的，所以就去做吧！」（笑）

我想把翠娜的注意力帶回村子的那個女子，於是我問她村裡其他人是否也知道如何冥想和傾聽答案。

翠：這就是我跟大家分享的知識，因為以前我們對具有這些能力的人非常敬畏。現在不是這樣了，這個知識被傳了下來，以前有人有這個知識卻沒跟大家分享，但現在知識已與大家共享。他們也需要冥想。

朵：你認為大家都知道比只有一個人知道來得好？

翠：對。不要一個人只為了自己而控制知識。現在能跟大家分享這個知識了。他們就是必須冥想。現在和諧多了，這裡很完美。透過冥想創造出更多的和諧，因為人們意識到我們全是相連的。

朵：你有特定的冥想方式嗎？你會給他們什麼指示嗎？

翠：跟這裡挺類似的，去一個安靜的地方或專注在呼吸上。如果有問題要問，我一開始就會帶著意圖及正確的問題進入冥想狀態。如果有問題，我需要得到答案。

朵：你們的人壽命長嗎？

翠：是的，而且非常、非常健康。他們似乎越老越健壯。

這裡聽起來是個完美的地方，大家似乎都很開心。我決定把她移動到重要的一天，看看有什麼事情發生。有人帶了新生兒來見她，想請她祝福。旁邊有許多村民圍觀。她一邊把油點在新生兒的額頭祈福，一邊吟誦跟他們的源頭有關的歌。「有很多母音，阿曼納（AMANA？）我聽到的是這樣或是像三組短母音連在一起，阿－曼－納－蒐－發－啊。我們都彼此連結，能記得我們的來處是非常幸運的事。」

故事接著發展到那個新生兒長大了，她訓練那個孩子在村子裡當接班人，當初她立刻就知道這個孩子是她要訓練的人，這樣知識傳承便不致中斷。接著我們來到她生命的最後一天。由於後繼有人，她沒有留下來的理由，於是她有意識地決定死亡。她描述一個充滿愛，沒有悲傷的場景。「好美妙，好開心，我在上面看著他們，這帶給他們許多喜悅。我的身體就在那裡。她剛剛過世，沒有疾病，只是老了。我想她有九十幾歲了。是時候了。真好！沒有哀傷，我們都懂。那個女孩會繼承我的小屋，她現在是個年輕小姐了，她好漂亮。我在上面看著這一切，我微笑著，感到滿心喜悅。所有的人都好開心。」

朵：現在你脫離了自己的身體，有沒有哪裡是你必須去的地方？你知道嗎？……你在微笑，怎麼了？

翠：好美……我在問：「我可以去嗎？我能去看看那邊是什麼樣子嗎？」我在問他們：「我能去看看大家嗎？大家長什麼樣子？」

朵：你在問誰？

翠：就是那些比現在的我具有更多知識的人，我請他們讓我看一眼。「我現在可以一窺我來的地方嗎？我想看我從哪裡來，我很想。」「如果你願意的話，可以。」噢，我真的很願意。他們用手摟著我，他們笑了，因為那不真的是手。我跟他們說我需要一些幫助。我事先跟他們談過了。我說：「如果可以，我想要回家看看。」

朵：他們現在給你看什麼？

翠：嗯……好亮。左邊有個大建築，全都是白色的，好亮。不過我不覺得這裡是家。

朵：這棟建築看起來是什麼樣子？

翠：很大，又大又高的白色光柱，長長的階梯，大家都在向我揮手。這個建築跟我向來想像的紀錄殿堂（Hall of Records）很像。你要看什麼書，只要用想的就好了。不過那些也不是真的書，對吧？

朵：書在哪裡？

翠：到處都是。上面下面都是，只要你一想，你就有你要的資料了。

朵：你想看哪一本？（停頓）哪一本吸引你？

翠：我想看能夠學到最多的那本。我想知道我從哪裡來。

朵：問他們哪本書有這個資料。

翠：它在最上面那裡，現在下來了……它在桌上了，我要求它翻到最適當的一頁。

朵：書打開以後，你看到什麼？

翠：我不知道我是不是真的看到。我感受到平靜和愛。我相信我們在那個地方並沒有形體，我們只用聽的，不需要看的能力。我只是感受到能量。我一直聽到聲音說我已經看了我該經歷的，其他的沒那麼重要，只是滿足好奇心罷了。可是能看到還是很好，既然我們都在這裡了。如果能夠看到就太棒了（她幾乎在懇求）。因為我想看啊（孩子般的語氣）。我可以用看的而不是感受的嗎？他們說我想做什麼都可以。我準備好了嗎？他們在逗我。「如果你想的話，做好準備。」我真的準備好了，我想要看。「這遠比你能認知到的偉大多了。」噢，這是為什麼我不是用看的？它比我能認知到的偉大多了？可是我真的很想理解啊。

朵：也許那是你目前所能全部理解的了。

翠：這是我現在所能全部理解的嗎？

朵：他們怎麼說？

翠：在那邊。在那棟漂亮的大建築物。我看見自己在那裡翻這本書。如果我翻到另一頁，我所看到的都會發生。我知道。我要去翻一下。（低聲說話）我看到一個在跳動的白色生命形式開始變大，它進去、出來，又進去、出來……像個集體的生物體。也許那就是我們，全部的我們，全都集合在這個巨大的，大血球（corpuscle）裡。它好巨大。

朵：也許這是為什麼對你來說很難瞭解。

翠：也許吧。

朵：這有幫助你瞭解了嗎？

翠：有。也許下次再說吧。

朵：他們很仁慈，不想給你超過你能處理的資訊。

翠：現在我只看到很多亮紫色的漩渦，我不知道那是什麼意思。

朵：沒關係，這個可以留給翠娜去想（好。）好，問他們：「我們需要請潛意識出來回答問題嗎？還是他們可以給你答案？」

翠：我們可以問你們嗎？他們說：「當然可以。」

朵：他們有答案，但他們想要我們呼請其他部分嗎？（譯注：指潛意識）

翠：他們說越多越好，這會更有幫助——他們是守護者。

朵：什麼守護者？

翠：他們是知識的守護者。

我謝謝他們給予的協助。但我知道他們回答問題的能力會受到限制，而我們可以從潛意識得到更多的深入答案，於是我呼請潛意識前來。我問為什麼它選擇這一世讓翠娜觀看。

翠：她已經回答了這個問題。這跟記起到哪裡找答案有關。當她認為生命充滿挑戰時，花點時間、找個地方跟我們連結，就像她在另一世一樣。

我們所學到的任何事情都不會遺落，它被儲藏在潛意識裡頭，潛意識就像電腦，當這世的時機恰當時，這些記憶就會出現。以翠娜的案例來說，她會能夠憶起前世以藥草療癒的經驗並將那個知識運用在這一世。「由於找到了真正可行的管道／資源，她很可能會更傾向於從事能量醫學和使用藥草。」

她也被告知她的人生目的：成為和平及喜樂的工具。一個非正式的變革促進者。她可以在任何形式的聚會中以身作則。在黎明時靜坐冥想，確定她從早上就是連結與平衡的。「當她問問題時，第一個答案會是我們給的。她問題都還沒問出口，就會聽到答案了。」

她想問幾個月前發生的身體狀況。她認為她當時中風了，那時在場的人也這麼認為。潛意識說那不是中風，只是在適應頻率和振動，是因為現在正在發生的能量轉變而產生的變化。

當提到身體問題時，潛意識說攝取鈣會對她有好處。這跟她前世把貝殼磨成粉（也就是碳酸鈣）加入食物相關。這次她可以就直接攝取，鈣對她的身體很好。

第五章 藏起資訊

喬安娜是另一位對現職不滿意的女士。她在房地產業工作，事業有成，但她不覺得充實。譜寫歌曲是她的副業，她也對學習療癒有興趣。

我有過太多太多的類似案例——個案回到的前世生活，周遭總有無知又迷信的人。個案具有在現代被視為平常的心靈能力，但在當時卻被人們極度猜疑。那時每個鎮或村子都有自己一位具有藥草、藥油和療癒配方知識的「老奶奶」型的人。這些知識是前人傳下來的，雖然她們常使用這些知識在好的用途，人們卻把她們看作異類，認為她們深具威脅，因此這個人最後若不是被處決就是被殺害。

我甚至數不清有過多少個案被燒死在火刑柱上，被吊死或死於其他可怕的方式。也許這是我們在靈魂成長和發展過程中都必須忍受的事。這個被埋藏的記憶通常被帶到現世並成為害怕再次發展這些能力的下意識恐懼，因為他們害怕同樣的事可能再次發生。這導致了他們身體上的症狀或疾病，即使他們在意識上並不知道原因。我們知道在現代，這些人不大可能會因為自己的信念而被傷害或殺害，然而有一次潛意識卻說：「沒錯，但他們會受到言語的傷害。」

在喬安娜的案例裡，由於她跟別人很不一樣，所以很可能有她需要害怕的事。她絕對不符合那個年代裡一般大眾的認知。她是我發現並稱為「蒐集者」團體中的一員。蒐集者旅行銀河系收集和記錄資料。他們常會創造一個看似人類的身體，以便融入群眾。雖然他們個性溫和，過著隱居的生活，在蒐集資料期間也不會傷害任何人，但不論從前或現在，人們總是帶著恐懼和懷疑的眼光看待他們。

★ ★ ★

當喬安娜從雲端下來後，她發現自己在一個小鎮，從她的描述聽起來像是十八世紀初或更早一點的年代。她聽見鐘響，看到許多人聚集在一座鐘樓前，那裡似乎是小鎮的中心。當鐘聲一響就表示每個鎮民都要到鐘樓前集合，看看有什麼事情發生。有位教士正拿著羊皮紙卷在唸，她聽不到教士在唸些什麼，但她知道是在宣布事情。「我想他在說有關罪的事，罪人，他說那些罪人冒犯了教會。」

朵：這一切會越來越清楚。你對那個宣告有什麼感覺？

喬：它讓我害怕。

朵：為什麼會讓你害怕？

喬：因為那不是事實，並沒有人犯了冒犯教會的罪。

我請她看看自己。她是年紀很輕的少女，留著長髮，穿件灰色的衣服。她看見自己腳踝上戴著腳鐐，接著又看到自己的手被反綁在背後，她更害怕了。

朵：我明白你為什麼害怕。為什麼他們要把你綁起來又上腳鐐？

喬：嘲笑我。把我當笑柄。

所以剛剛那個宣布是在說她。「說我犯了教會的罪，但我不懂他們的意思。我只是說了實話，我說我們每個人都是神。」

朵：你跟誰這麼說？

喬：每個願意聽的人。

朵：而他們認為這是錯的？（對。）然後怎麼了？

喬：我不是很清楚，太混亂了。那些是我信任的人，結果他們背著我害我。

我試著找出發生了什麼事。她說她在這個鎮上沒有親人，事實上，她甚至不住在鎮上。

於是我要她往之前的時間移動，看看是什麼導致她在那樣的處境。她看見自己住在離鎮很遠的一間小屋，小屋位於群山環繞的美麗山谷。那裡有個小村莊，村裡的小屋都很類似，好幾群人住在這個村莊。這些人關係緊密，他們離群索居，安居在這個山谷裡。我問這些人平日都在做什麼。「我們研究學習……學問。那是眼睛看不到的，但我們在記載它。我們把它寫下來，然後藏起來。」

我知道那個時代很少有人能夠讀或是寫字，尤其是女性，通常女性是不被允許學習的。「你識字嗎？」

喬：我們畫圖。

朵：但你剛剛說這種學問眼睛看不到？（對。）跟我說說，你們是如何得到資料？

喬：透過心智。我們看到比星星還遠的地方，然後把圖畫下來。

朵：是全部的人一起畫還是……？

喬：不是。我們有一位老師。我們都是分開的，但我們也是一起的，一個整體。有個老師先開始，然後我們就都能做到了。我們可以到達其他人看不到的領域。我們看見圖像，就把它們畫下來。

朵：這是怎麼辦到的？

喬：就像在你腦裡有一束光。我們用它掃瞄。它從老師的額頭中央發出來（她指著眉心第三眼的位置）。然後光往外放射，接著我們就都會了。我們也能向外送出光束，但老師先開始的。我們沒有他那麼強。他的光束比我們的都要亮很多。

朵：然後他把光投射出去？

喬：也許是。是他先開始的。他在教導我們的時候，把光投射給我們。然後我們跟著光前進，而且還前進得更遠，比老師觸及的更遠。（那個光）非常、非常強大。我們得到資訊，然後把圖畫下來。

朵：你們認為資料是從哪裡來的？

喬：從很遠、很遠、遠過群星的地方來的。我想是某個星系。

朵：所以你們每次都從同一個地方收到資訊，然後你們畫圖並把資訊寫下來？

喬：是的。然後我們把資料藏起來。

朵：為什麼你們覺得必須把資料藏起來？

喬：因為它太不尋常了。人們不會懂。

朵：那是哪類的資料？（停頓）你可以告訴我，你對我說很安全。

喬：他們給我看行星，我們追蹤事物。事實上，這裡比較像是個站（station）。他們提供這個站需要的資料，因為資料是專屬這個站，所以我們要把它藏起來。

朵：你說的「站」是什麼意思？

喬：就像一個中途站。這裡有給某個人的資料，那個人需要它，可是我們必須把它藏起來。

我們不能讓別人拿走。

朵：你們這麼做很久了嗎？（是的。）然後那個人會出現，你們便把資料交給他？

喬：對，這是我們要做的。

朵：他們以前來拿過資料嗎？

喬：我們還沒看過，但知道他們曾經來過。

朵：你知道他們要這些資料做什麼嗎？

喬：用來幫忙，所以我們才這麼投入。我從很小就開始做了。

朵：而且是全部的人合力一起。

喬：是的。因為是哪家人做的並沒有差別。不過我們在山裡，這樣才能與外隔絕。

朵：你知道你們是從哪裡來的嗎？

喬：我們是特地被「放置」在這裡的，而且我們很開心能在這裡。

朵：你說「放置」是什麼意思？

喬：我們必須呈現出特定的樣子，我們原本不是那樣子的，所以我們是特地被放在這個山裡工作。

朵：你的意思是你們的外表並不像人類？

喬：我們必須看起來是。我的意思是那是我們看起來的形體，但那不是我們原本的形體，我們必須用人類這個形體。

朵：這樣你們才能融入？

喬：對，但我們知道我們不一樣。

朵：你們真正看起來是什麼樣子？

喬：我們其實就是光。但我們必須使用這個人類形體。

朵：你們被告知要留在這裡？

喬：對，為了工作。為中途站取得資料。

朵：並且收集資料，然後某人會來拿，然後……

喬：吸收。他們吸收資料。我們畫圖所以能……感覺就是要用畫的才對。這些資料是從一個特定的星系來的。

朵：你們還必須儲存哪種不同類的資料嗎？

喬：資料被編碼了。在圖畫裡。

朵：你們瞭解那些資料嗎？

喬：是的，很簡單，但其他人不會瞭解。我們很早就被教導了。很怪。這跟生命原力和生命能量有關。我一直看見一個整體的我們，我們做的事是如此不可置信，我們看起來又如此普通，這是我們為什麼必須離群索居。不過我們一天廿四小時都很忙。我們一直在工作。

朵：你們必須吃或睡嗎？

喬：我沒看到我們要吃東西，也沒看到我們在睡覺。我們不需要食物。
朵：你們以什麼維繫生命？
喬：能量。生命力，它好神奇。我們是那個形體，但我們不是以那個形體存在。
朵：不過你們持續在蒐集資料。
喬：我現在看見一個倒過來的金字塔，尖的那頭朝地面進入。他們讓我看到它是如何往下進入地面。它很尖銳。他們讓我看到我們就是把資料存在那裡，儲存一個又一個的檔案，然後金字塔進入地底。我們是用手指寫檔案。
朵：金字塔是在你們那個地方？（對。）那個金字塔是實體的？
喬：實實在在的實體，它建在地底下，我現在可以感覺它在我的身體裡。我看見它在地底下，同時我也可以感覺它在我身體裡，通過我的胃，我的胸口。像個倒過來的金字塔。它儲存資料。他們要我去感覺它的存在，這樣我就知道它在那裡。有一點不舒服，但沒有關係。
朵：為什麼它在你的身體裡？
喬：我想那是他們要讓我知道的方式。它是真的在地球，但事實上也許我們的身體裡都有它的存在。
朵：你的意思是那些資料嗎？（對，對。）所以它不只被放置在地球，也在你的身體裡？
喬：對。真奇怪。

朵：是你的團體把它放進地球的嗎？

喬：對，我們建造的。它是非常、非常、非常實體的東西，我們就是把資料藏在那裡面。哇！它是個中途站！好大！

朵：那麼可以放很多資料了？

喬：很多資料。它是個中途站。噢，我的天！他們現在進來了！

朵：你看到什麼？

喬：他們就是在那裡降落。那裡是太空站，也許是地球內部的太空站，而我們是在它的上面，假裝地底下什麼都沒有。

朵：你的意思是試圖掩飾嗎？

喬：對！對！我們看起來好原始，沒有開化，貧窮又愚蠢，但太空站就在那裡，就是那個金字塔。他們可以進來地球，我們看得到，但其他人看不到。

朵：他們降落時是怎樣的情形？

喬：只是光束，扁平的光束，水平的光束。奇怪的是他們登陸時已經跟我們看起來長得一樣了。

朵：他們使用太空船或其他的交通工具嗎？

喬：是的，他們在太空船裡。我看到他們全部，然後他們又離開了。哇！

朵：你說一般人看不到他們？

喬：不能，只有我們看得到。他們來這個太空站拿我們為他們準備的資料。他們進去並交換資料。

朵：當他們來的時候，他們會下到金字塔嗎？

喬：對，他們會進去，不過我不知道他們是怎麼辦到的。我們等候他們，他們需要的時候就會來拿資料。

朵：你們怎麼放資料進去這個大金字塔裡？

喬：用我們的心智。老師給我們那道光，然後我們觸及更遠的地方，拿到資料。我不知道我們是怎麼放進去的。我想就這樣發生了，自然而然發生。

朵：那些搭太空船來的……

喬：我不確定他們是誰。我們必須用這個形體在這裡生活，這讓我們搞不清楚我們究竟是誰。事實上，這很困擾我們。

朵：你看得到那些太空船上的生命長什麼樣子嗎？

喬：我不知道。他們散發很好的能量。我們知道他們是誰，我們不在意他們的長相。

朵：你們是被告知要來這裡居住並使用這個形體？

喬：對，我們必須這麼做。

朵：誰要你們這麼做的？

喬：我們說我們願意的。我們在這裡真是件怪事。這肯定是我們的工作，只是我們不知道原因。我們只是說我們願意做這個工作，我們也知道怎麼做，而且我們很高興做這個工作。我們知道那個中途站可能是需要我們的能量，我們的能量很不同。所以我們不知道為什麼我們有這副身體（笑）。我們看起來好呆。

朵：要不然其他人會很怕你們，我猜。

喬：對，就是有過這樣的事。

朵：好。讓我們往前移動，看看那時候發生了什麼事。你怎麼會到了鎮上？

喬：我有點太過好奇了，我沒法不去看看那些人。我下來時跟他們的外表一樣，但事實上我們很不同。我的行為舉止都跟他們不一樣，但我還是想跟他們說話。

朵：你的團體裡有別人也想下來鎮上嗎？

喬：沒有，他們比較瞭解狀況，我是太好奇了。我有一套講述真相的方法，但鎮上的人就是不懂。要我告訴他們真相對我來說很容易。

朵：那不是他們的真相，我想。

喬：沒錯。真相是如此簡單。我並沒有要說中途站或什麼的。絕對沒有。我只是對他們好奇。他們很有趣，我只是想多瞭解他們。我想那個跟我當朋友的少年告訴了他父母。我真的很喜歡他，他很可愛，好有趣。然後他嚇到了，以為自己會惹上麻煩。我是很窮，但我不需要任何東西。他不懂為什麼我什麼東西都不需要，所以他就去說了。

朵：你之前提到你唯一跟他們說的是神的事，對吧？

喬：對，說我們全都是神。他們的反應是「天哪！你在說什麼？」然後他們把全部的人集合起來。他們要滅了我，誰知道那是什麼意思（笑）。他們抓了我，把我關進牢裡。我的團體無能為力，他們知道事情會怎樣就會怎樣。這些人認為我瘋了，我不曉得那個少年跟他父母說了什麼。他們決定最好是把我除掉，因為我說的話會把人們嚇到，最好不要有那樣的訊息出現，於是他們就這麼做了，把我當個窮瘋子關起來。他們從來沒看過有哪個人不用吃東西的，你曉得吧？他們怕死了。我比我的人多一點點光，有點難隱藏，你知道我的意思嗎？可是我不想藏起我的光。

在我其他書的一些故事裡有許多這類型的人，他們身上發出難以掩藏的微光，也許這是她的意思。

朵：所以那些鐘響跟宣告就是為了你的事？（對，沒錯。）他們打算做什麼？

喬：我不知道。我看見我的團體都在看。哈！我知道他們在想：「你就是不聽話。」

朵：然後呢？你可以移動到事件後面一點的時間，看看他們對你做了什麼？

喬：嗯……我剩得不多了！一分鐘前我還在那裡，下一分鐘我的身體就沒剩下多少了。他們一下子就把我燒掉了。

朵：這是為什麼你被上腳鐐還有反綁嗎？

喬：對。他們很快就用火炬點燃我。有的人很難過，他們並不想我死，所以讓火勢燃燒得很快，這樣我就不會太痛苦。鐘聲響完就燒完了。那些人因為怕我，所以要除掉我。我不懂。從來都不懂。不過我的團體的反應是：「沒差啦！」（笑）

朵：他們沒辦法阻止，還是他們根本沒打算試著阻止？

喬：沒有，他們阻止不了。這是大局中的重要一環，他們做不了什麼。他們沒有權利改變計畫，你知道的。所以我的身體就只剩下那麼一些了。真難過。（笑了出來）我在身體燒起來前就離開了。我跟那位教士站在那裡一起看，他都不曉得。我和他站在那裡，跟他說我為他覺得難過。真的，我真替他難過。

朵：他覺得自己做的是該做的事，我想。

喬：嗯，也許吧。不該這樣的。我為他難過是因為我認為他只是個傀儡。我想我的心有一點接觸到他的心。我想他還是知道那麼一點的，所以他很難受。你曉得的，其實就是一顆心碰觸到另一顆心，然後那顆心再接觸下一顆心。有的心能感受到，有的不能。

朵：所以有些人還沒準備好。

喬：沒錯。因為這些真相太不一樣了。當你在說的時候，我可以感覺到胃裡那個反過來的金字塔。太奇怪了。

朵：就好像你把資料隨身帶著？

喬：對，對，對。它像個密碼，但它現在也在地球！

朵：是的，而且是在一個實體的地方。（沒錯。）但你能把它隨身帶著，即使死後離開了身體也是一樣？

喬：對。它沒有離開。

朵：所以你把它帶在你的……什麼呢……你的心靈，你的靈魂？

喬：我不知道。

朵：好，你離開身體之後……

喬：我去了哪裡？（笑）讓我想想。我沒有回去我的團體那裡。我不能回去。我必須前進。我看見自己像道光束般飛快地移動，我想我必須回去星系。我原本就是該那麼做的。我在這裡的工作結束了。

朵：嗯，你努力造成改變。

喬：沒錯，而且我做到了。我做到了。而我如果死了並沒有關係，計畫原本就是這樣。我一定都已經知道這些了，但一點也不好玩。我看見那個背叛我的小男生，他很可愛，可是他很害怕。他從沒想過事情會變成這樣。

朵：你是以什麼樣的形式前進星系？

喬：沒什麼，就只是光。我移動到另一個地方。另一個時間。他們給我任務。那裡有一個可以休息的地方，令人無法置信的地方，任務也很有趣，因為很短暫。你去休息，然後出任務，然後沒兩下又回來了，短暫到幾乎都可以當成好笑的事了。做完一個就回來休息。你可以去任何地方出任務。我不知道這次任務為什麼會是這樣，但就是這樣。

朵：然後他們告訴你要再去別的地方。

喬：是的，你就是去，再遠都去。這就是你做的事，換過一個又一個地方。試著學習更多的東西，然後幫忙。

朵：好，讓我們離開那個場景。我們把那個人留在那裡，讓她繼續做她在做的事。

喬：畫面不是很好看呢，那個可憐的女孩在那兒被綁成那樣。

朵：嗯……我們不需要留她在那裡還被綁著。你是她離開身體後的那個部分，因為她的身體已經沒有了，不是嗎？

喬：沒錯，沒錯。只是那個畫面並不好看。

朵：你不用看那個畫面，我們就讓這個已經往「另一邊」（指靈界）前進的你繼續前進，因為那是個愉悅的經歷。

我接著引導喬安娜回到身體裡，並呼請潛意識，以便知道它為什麼選擇這麼不尋常的一世。

喬：她需要知道自己身上帶著什麼訊息，而她忘記了。她知道，只是她不記得。她總是想要寫下來，但不肯花時間做。

朵：是在金字塔裡的資料嗎？

喬：是的，編碼過的資料，已經編寫了。她只需要寫出來。

朵：她會瞭解她寫下來的東西嗎？

喬：噢，會的。當那些資料在地球以這個形式出現，它非常美。她在寫的時候可能不知道自己在寫什麼，不過她寫完後就知道了。她會瞭解這些資料，但她會害怕。那些訊息，你知道的，讓她處境很艱難。

朵：她一直在接收這些資料嗎？

喬：噢，是的，從她小時候就開始了。她意識上並不知道，但她從很小就在接收資料了。

朵：然後怎麼了？

喬：她試著跟別人說，跟每個人說。那些人無法應付這樣的事，他們就盡可能讓她覺得自己很蠢。她努力告訴別人她看到的一切，希望別人也能看到。

朵：她在小時候看到是什麼？

喬：神奇的事，神秘的事，光。她給他們看，但他們無法接受。

朵：她給他們看什麼？

喬：那個從房子後面進來的太空船。

朵：其他人看得到嗎？

喬：也許我以為他們看得到，但他們不能。他們不瞭解，這讓我非常……我不知道怎麼說，覺得壓力好大。

朵：所以那些人要喬安娜別再說了？

喬：對，對，對。我不得不停止，不過他們花了好大的功夫才讓我閉嘴了。我甚至不知道自己去了哪裡，我甚至不在那兒。我可以就這麼離開，因為……我會讓喬安娜去做，我會離開，因為真的太辛苦了。

這聽起來像是喬安娜的一部分人格分裂了，當一部分的人格做了其他主要人格不知道的事，這很可能是精神醫師所稱的「人格分裂」（split personality）。如果是的話，它顯然沒有對喬安娜的人格造成永久性的傷害（請參考《迴旋宇宙》系列，裡面有更多關於我們的靈魂是由許多碎片組合，而每個靈魂碎片都有它自己的生命經驗的資訊）。

朵：所以喬安娜發現談這些並沒有用，但是你仍要她把資料帶回來？

喬：對，她有資料，而且她知道。她讓自己忙碌，這樣就不用寫了。

朵：她說她能感覺到那個倒立的金字塔在她的身體裡？（對。）那是什麼？

喬：它的速度好快，現在是圓錐體而不是金字塔了。

朵：它是來自我們剛剛看的那個前世嗎？

喬：就她所知，它一直都在那裡，而且它有非常非常棒的資料。

朵：這個是什麼時候放進她身體裡的？

喬：真怪，我現在可以感覺得到。我想她來的時候就有了。

朵：你覺得她出生就有了？

喬：我覺得是。

朵：但這一世很辛苦……

喬：非常、非常辛苦。簡直不可能。沒有人真的想聽這些。它太美好了，你懂吧？太美了。人們想要聽不好的事。

朵：也許我們快發展到人們會想聽美好事物的時代了。

喬：該是時候了。我在等。(笑)

朵：在那一世，她的團體來自哪裡？

喬：對，沒錯，他們絕對是團體一起過來的。我們全都同意要來，你無法以本來的樣子過來，必須是人類那個樣子，而且必須融入。但是我們並沒有真的融入(人類社會)，我不知道我們在做什麼，為什麼他們選了那個地點。但是在那裡有個金字塔是很重要的事，然後把知識放進裡面。非得是那個地點才行，所以我們必須看起來像當地人，以免被他們發現。不過後來還是被發現了。

朵：整群人都被發現了嗎？

喬：喔，對。那不是個美好的故事，其實也無所謂了，因為他們都離開了。在人們把她燒死後，鎮上的人想看她是從哪裡來的，幸虧我們先前就把一切都埋起來了。所以，他們是知道會有那樣的事發生。風險，這個工作的風險。事情就是這樣，你知道的。我想他們全被燒死了。

朵：那些資料仍然被埋在地下嗎？

喬：噢，是的。他們為什麼一直在說法國？法國。法國有山丘嗎？我不知道。也許是在那邊。對，我感覺是在那裡。

朵：資料仍然埋在那裡？（對，對。）但是人們能夠找到這些資料嗎？

喬：如果是註定要被找到的話，我想就可以。

朵：我在想這資料是不是實體……

喬：或以太形式（etheric）。

朵：人們是不是能夠找到並且解讀。

喬：我不知道**這個**地球上的人有能力解讀，除非出了什麼特殊狀況（笑）。提醒你，那是個中途站。（譯注：只有特定人士才能讀取資料。）

朵：也許它本來就不是要給人類的。

喬：從以前到現在都一樣，是，也不是。它是一個一定要在那裡的能量點，那裡是他們接觸（星系）並帶回能量的地方。它必須是在地球上的那個地方。他們有沒有找到都不重要。而是能量必須在那裡，就像個穩定器。加上因為某個原因，地球非常重要，到現在仍然如此。

朵：喬安娜做了很多能量的工作，是吧？

喬：是的。有時候連她自己都不知道自己在做什麼。是編碼！她確實知道！她忘記了。她處理代碼、數字和密碼，還有序列，那是她的工作。她進入別的星系去取得這些資料，好多沮喪的人來尋求她的幫助。

朵：她並不知道這些能量從哪裡來，對吧？（她不知道。）但她是從別的地方取得這些數字和代碼序列？

喬：對，也來自她自己，她有這些編碼。我想要她知道這件事，然後我們會教她如何運用。她需要知道資料在那裡了，當她知道了，她就會知道要怎麼使用。但她還不知道她有這些資料。她要能覺察到它，顯揚它，不要害怕它。

朵：你們要她把這個帶回她的意識層面嗎？（要。要。要。）你們會幫她帶回這個記憶嗎？

喬：會。我一直在試著幫她，她知道的時間已經快到了（笑）。就像在看盲人點字法一樣，你知道吧？如果她能讓資料透過眼睛流動到手上，我們會讓她像點字閱讀那樣看到，資料進到眼睛，到腦袋裡，再從嘴裡和手裡出來。她雖然不會瞭解，不過她會開始做。她譜寫的歌也會帶著信息。她很怕這樣，我的意思是她以前曾經因此死過，所以……（笑）。有點棘手，她好多世都選擇為此而喪生。這是她的冒險之旅。

朵：不過這世她不會因此而付出生命。

喬：對，這次不會。如果她願意慢下來，照自己的速度慢慢來，**知道**資料就在那裡。她必須要瞭解。她需要知道自己這次並沒有同意要為此付出生命。儘管她不怕因此而死亡，但那畢竟不是愉快的經驗。她這樣做的次數有點太多了，有時候人可以做上同樣的事好多遍，我想我們都是這樣，結果就成了一種模式。她需要去感覺自己體內那個倒過來的金字塔。要記得，記得你從哪裡來。記得你為什麼在這裡。做你的工作。這就像是去按一個小按鈕，一個小開關。「打開開關。」「打開開關，你忘了打開。」「這個怎麼會在這裡？在腦袋裡把開關打開。」別忘了金字塔裡面有什麼，別忘了你為什麼來。但要好好享受這趟旅程，這次是最好的轉世，好好利用這次的人生。你不用付出代價，你已經付過代價了。享受它，分享它。沒有什麼事需要付出生命的代價。

第六章　天堂來的嗎哪

妮可在一家大醫院擔任護理師多年，幫助生病的人帶給她很大的滿足感。即使如此，她仍感到不安，好像她的生命裡還有什麼事情等著她去做。

當妮可下了雲端，她只看到身邊是一片平靜的水面。這通常代表幾個不同的情形。個案可能在船上，或在某些案例裡，他們是海裡的生物。我總是會讓個案敘述他們自己的故事，我也發現我無法影響故事的發展，他們總是會報告看到了什麼或正在經歷什麼。妮可說她不在任何東西裡，她只是漂浮在水面上。我問她對自己身體的感覺。「我像是沒有身體。我只是個思維。不是身體，就是個思維。」

朵：你覺得你是水的一部分，還是你在水面上？

妮：在水面上。有點在漂浮，因為我決定漂在水面上。沒有原因，只是想跟水親近些。它好平靜又撫慰，沒有波浪，只有小漣漪。我也沒看到別的東西，只有水。

朵：非常平靜。這樣的話，你就沒有任何必須要做的事，對嗎？

妮：對。我什麼都不用做，我從來不必做任何事。就是存在。就是體驗。就是感受。我沒有任何目標。

朵：你在體驗什麼呢？

妮：溫暖，感覺它有多暖。如果我想坐在水面上，水會有些微搖晃。我可以更靠近水一些。我現在就只是漂浮著，什麼事都不用做。真好，沒有要做的事。那就是我，就只是個思維。

朵：你有沒有什麼必須去的地方？

妮：沒有，我想不出來有什麼地方我必須去。只要享受，這是我現在該做的。太陽好亮，又溫暖。這裡沒有別的東西，只有水。我可以看見一、兩隻魚。有時陽光在水面上閃爍，所以很難看得清楚。我只需要放輕鬆，好好享受。

這可能要持續好一段時間，所以即使妮可很享受，我還是決定濃縮時間，把她移動到有事情發生的時候。我不知道她會不會還是個思維，但她突然說：「我是個男人，我有穿衣服，但是衣服很奇怪，粗糙又泛黃，這是我應該穿的，但是它穿起來不舒服。」她留著半長不短的黑髮，年輕而且健康。腳上穿的鞋子是「皮做的，裹在腳上，但沒有支撐，只是鬆鬆地包著腳，在我踩到樹枝和石頭時，多少可以有些保護，但是我的腳有時還是會瘀青。我很想打赤腳，不過這樣腳會受傷。」他在一座茂密的森林裡，正往地形崎嶇的山坡上爬。「到處都是樹。我很愛這些樹，我覺得我是個獵人，但我不打獵物來吃。我現在正要去某個地方。」他肩上背著一個褐色的皮袋子，裡面有些乾果，還有其他的小東西。「有石頭，有的很亮，有一個特別黑。它們保護我的健康，所以我不會生病。它們還能保護我平安。」

朵：有人訓練你怎麼使用這些東西嗎？

妮：有，一位老人。他告訴我要怎麼用不同的東西來保護我自己、保護別人，這就是我在做的事。我現在要去某個地方教給別人，我要教他們怎樣用石頭。這樣我就能把知識傳下去。我傳承了知識，我也要把它傳給別人。我也使用水晶工作。它們很亮，有不一樣的角度。這次我沒有帶出來。我感覺跟夜晚有關。黑夜裡好像有什麼跟石頭有關係，我不明白。

朵：隨著你的描述，你會記得越來越多。我想你對森林很熟悉，走在裡面不會不安？

妮：對，森林很友善。我很喜歡森林，我熟悉林子裡的一切。沒有什麼好怕的。

朵：你有帶武器嗎？

妮：（氣憤的口吻）沒有！我為什麼要帶？

朵：噢，我只是想到會有動物。

妮：不會，牠們是我的朋友。牠們不會傷害我。事實上，我還會治療牠們，我會！當牠們受傷了，我會醫治牠們。不知道為什麼牠們不怕我。我用能量包圍牠們，幫助牠們療癒，所以牠們不會怕我。牠們有時候會受傷。

朵：那麼你懂得如何傳遞能量？是這樣說的嗎？

妮：是的，我懂。但我也使用石頭。那位老人教我怎麼用石頭。

朵：你在微笑，你一定喜歡做這些事。

妮：我喜歡，真的喜歡。我什麼忙都幫。動物的健康很重要。

他一個人住，住的附近沒有人煙。「人多會烏煙瘴氣。我一個人就很好。好太多了。」

朵：跟我說說那個教你的人。

妮：我常去拜訪他，他也是一個人住。住在山上。

朵：你結婚了嗎？

妮：沒有。我媽媽跟其他人一起生活，但我是一個人。他們住在村子裡，我離開了，這樣才能學習。有時候有的人會帶來壞能量，所以我一個人最好。

我總是想確定是在哪個年代或地點，於是我問他們住在什麼樣的房子裡。「房子是樹枝搭建的，屋頂和牆都是樹枝。小小的，褐色，沒有燈光。很暗，很潮濕。我如果正好找到地方住，我都還是住在屋外。睡在外面的森林比較好，它給你能量。在屋子裡能量會耗掉。我們在戶外學習。總之，這樣最好。」

朵：天氣不好怎麼辦？

妮：那不是問題。天氣是我們的朋友。它不會困擾我。身體濕了也沒什麼。

朵：天氣不會變冷嗎？

妮：不會，我在的地方不會冷。

朵：這個地方聽起來很完美。你都吃什麼呢？

妮：每當我需要食物，就會有食物。我能找到可以吃的，要不就是食物會突然出現。

朵：我覺得這很不可思議。

妮：不會啊，就很自然發生了。

朵：你吃什麼樣的食物？

妮：有什麼就吃什麼。我不知道那是什麼，反正就出現了。就這樣出現了。

朵：我以為是長在森林裡的東西。

妮：不是。長在森林裡的我也吃，很好吃。不過這是別種食物，現成的。如果我想它出現，它就會出現。它是白色的，沒有形狀，就是一團，但很好吃。我有這個就夠了。如果我很餓，就會有更多出現。如果我沒那麼餓，只想要一點點，那它就只會出現一點點。

它就在那兒，只要我一想，它就來了。

聽起來很像摩西和他的族人在沙漠流浪時所食用的神秘食物嗎哪（manna）。出埃及記16章13節：早晨在營四圍的地上有露水。露水上升之後，不料，野地面上有如白霜的小圓物。以色列人看見，不知道是甚麼，就彼此對問說：這是什麼呢？摩西對他們說：這就是耶和華給你們吃的食物。16章31節：這食物，以色列家叫嗎哪；樣子像芫荽子，顏色是白的，滋味如同攙蜜的薄餅。（譯注：此譯文摘自中文和合本聖經）

妮可醒來後，她還記得一部分的回溯內容。她說她看見的食物是靠意念創造出來的，好像一堆米飯。每次吃起來味道可能都不一樣，不過都很好吃。

朵：村子裡的其他人呢？

妮：喔，他們必須自己努力種吃的。撒種子，照顧作物。不然就是有人去外面打些小獵物。我不用。我只要需要就有食物了，而且很好吃。

朵：你一直以來都是這樣嗎？

妮：對，不過不該是這樣的。我不應該知道自己有這個能力，因為沒有人做得到。除了那個人，他做得到。可是我媽媽不喜歡，她說那不是正當的食物，因為那不是耕種或狩獵來的。那個東西很不一樣，沒有人想吃我的食物。

朵：他們想要自己工作來的。

妮：他們並不想為食物工作，但他們認為我的食物不正當。他們好瘦！他們那麼瘦是因為他們必須很辛苦地工作，而我不用。

朵：你總是有那個東西可以吃，即使在你還是小孩子的時候？

妮：對，我只要想就有了。這使得我跟別人不一樣，別人都辦不到，除了那個人，沒有人可以。他住在山上，但我會去看他。我覺得他是我爸爸，我不知道他為什麼沒有住在村子裡。

朵：他看起來跟其他人一樣嗎？

妮：不，不一樣。村子裡的人皮膚和頭髮都很黑。他的頭髮是金色的，皮膚也比較白。我不知道他為什麼長得不一樣，我長得比較像媽媽。

朵：他自己一個人住在山上？

妮：對，在一個洞裡，他有火，那裡很舒服。很溫暖。他想要的東西都有。我會去看他，其他人卻很怕他。

朵：他們知道他住在那裡嗎？

妮：知道，他們知道，但他們不能去見他。他是有所有知識的人，不過大家都怕他，除了我。他可以幫上他們，但他們害怕。他教了我很多，但還不是全部。他教導我，他說我可以做很多事。我一直都知道要怎麼找到食物，這對我來說很簡單。他教我如何保持健康。他教我以後事情會怎樣發展，很久……很久以後的事。

朵：你的意思是？

妮：他告訴我現在這世很久之後的情形。

朵：他跟你說了什麼？

妮：以後沒有人能夠做我一樣的事。以後也不會有那樣的食物，因為大家都很害怕，人們將會惡劣對待彼此，情況跟他或是我還在的時候不一樣。我不想活在那樣的環境，人很壞，他們不會像我媽媽和村裡的人相互照顧，他們不會那麼做。這是在我們之後的事了，在我永遠離開之後。

朵：他怎麼教你保持健康？

妮：有些石頭能使你遠離傷害。也有些石頭能夠治療傷口；當你跌倒，撞到大石塊受傷了，這些石頭會讓傷口好得很快。如果有人打你而且留下傷痕，石頭可以讓傷痕消失。被尖銳的石頭劃破的皮膚也能癒合。

朵：那太好了。

妮：噢，真的很好，我也這樣覺得。不過其他人都很害怕。

朵：那個男子原本就是村子裡的人嗎？

妮：不，不，他不是村子裡的人。我不知道他是從哪裡來的。

朵：他有跟你說過嗎？

妮：有，但那是秘密。

朵：你可以告訴我嗎？

妮：我覺得可以。他從很遠很遠、遠到我們走不到的地方來的。他從星星來的。他指給我看過是哪一個星星。我有一次跟我媽媽說，但她不相信我。

朵：(笑)一定的。

妮：那是他的使命。他就是用這個字。他的生命需要做的事。他需要幫助人。我就是因為他，所以也想幫助人。

朵：他有沒有說他是怎麼從星星來到這裡的？

妮：一個念頭。他是透過思想來的。他什麼都沒有。就是一個念頭。他只要用想的就可以了。我還做不到。

朵：可是他有身體，你看得到他，是吧？

妮：是的，而且我覺得他看起來很好看。我喜歡他的樣子。

朵：如果他只是個念頭或思維，那他要怎麼有一個身體？

妮：他也可以做到。他可以。他想做什麼都做得到。如果他想到，他就能做到。就像我想到食物，我就有食物。可是其他人不喜歡這樣的事。

朵：你剛剛說你覺得他是你的父親？

妮：他是的。我想他就這樣把我想進我媽媽肚子裡了。我不知道有人可以這麼做，他只是用想的，就把我想出來了！不過我是唯一的一個。他知道我會比較像他。除了他之外，需要有別人來照顧大家。

朵：所以他給你這個工作？

妮：是的。我很特別。

朵：他會留下來繼續幫忙嗎？你知道嗎？

妮：不會，一段時間後他就會走了。

朵：在你全部都學完以後嗎？

妮：為了某些原因，他不得不提早離開。在我全部學完前就得走了。我們都沒有料到會這樣。他也不願意，但他必須先離開了。不知道是什麼原因，他沒跟我說。他告訴我他不得不離開。我很傷心，我想要他留在這裡。

朵：他一定是認為你已經學到足夠的東西了。

妮：他在那段時間盡可能地教我，可是我年紀還不夠大。我應該可以學更多的，我也想要多學些，不過他必須走了。他只用想的就離開了。就這樣。他只要用想的。事情就是這樣。每個能做到的人，用想的就做到了。

朵：但你知道一般人是怎樣的，大多數的人不知道他們能做得到這些事。

妮：那是因為他們做不到。他們不是那個地方來的人。

朵：而你不一樣。你不像他們。

妮：對，因為我是他想出來的。我喜歡我有能力做這些事。不過別的地方一定也有像我這樣的人。我想應該有吧……他們住得很遠。我不知道他們住在哪裡，應該是在森林的另一頭。當我見到他們就會認得出來。我會認出來的。我一直在移動，我總是要去別的地方，所以不會在一個地方停留太久。我必須去幫助人。

朵：他們接受你的幫忙嗎？

妮：是的，不過大家還是會怕我，他們不知道我是怎麼幫了他們，所以我不會在同一個地方久留，總是搬來搬去，總是要去下一個地方。我不能留下來。

朵：你怎麼知道有人需要幫忙？他們來找你還是怎樣呢？

妮：我就是知道。我知道什麼時間要離開，於是我就去其他地方。到了另一個地方，總是有人需要我的幫忙。我從來沒能留在一個地方。不過這沒問題，因為我喜歡森林。森林提供我需要的東西，這樣很簡單。我什麼也不用做。我只要照顧其他人就好，我總是很開心自己能懂這些。

朵：你應該教導別人嗎？

妮：當時間到了，我就會想出某個人。當我年紀夠大，去的地方差不多了，我會把他想出來。我會找到那個特別的人，一個願意聽我說的人，然後我會把人想進她肚子裡，然後我就可以教他們了。

朵：要不然你就是唯一的一位了，這樣知識就會失傳。

妮：哦，不會的，不會的！我將會有個兒子，但就一個。就一個。有太多知識要傳給他。

朵：那就不會是一班學生了？

妮：沒錯，一定是要一個人。有太多東西要學了。人多的話，時間就不夠用了。

我認為我們已挖掘出許多資料，於是我把他移動到另一個重要的日子。

妮：我弄傷了腿。這不是我死的那一天，是我死的前幾天。我死得太早了！

朵：發生了什麼事？

妮：有東西砸到我的腿，腿受傷了。我動不了。我想一定是棵樹，又大又重，我推不動。好痛，我整隻腳被壓著，拉不出來，我本來能治它的，但是東西沒帶在身上。我被困在這裡了。我早該知道會有這樣的事發生。

朵：為什麼你早該知道？

妮：因為我應該要知道所有的事，可是我並不知道這件事。

朵：嗯……我想沒有人能夠什麼事都知道。

妮：對，可是我真的什麼都知道。我知道好多，但就這個不知道！

朵：你無法什麼都準備好。

妮：是的。我的袋子不在身上。我沒有我的石頭。如果有的話，我的石頭就能派上用場。我沒有帶著石頭。

朵：如果你有石頭的話，你可以把樹抬起來嗎？石頭是不是也會使你的力氣變大？

妮：有的話就能解決了，我就能把樹推開了。是的，我就能脫身了。偏偏我沒帶石頭，我應該要隨身帶著它們的。我真傻，居然沒帶在身上。

朵：結果你有找到人教導嗎？

妮，我已經開始在教了。石頭在那個人那裡。我應該要多找些石頭的。

朵：所以你把這個人想出來，而且在教他了？

妮：對，我兒子。他還很年輕。我還沒能把知道的全部教給他。時間不夠。

朵：你找到一個願意讓你想出兒子的女人？

妮：對。她很讓人喜歡。

朵：她瞭解發生什麼事嗎？

妮：她不瞭解，因為那不是平常的方法。不過她知道夠多了，所以我才有了兒子，而且她願意讓我帶他走。這很難得！大多數的媽媽都要孩子在身邊。不過她知道我能做特別的事，她想要自己的孩子也能做到。我一直在訓練這個孩子，但現在他不在我身邊。石頭在他那裡，不過沒關係，我寧願是他有這些石頭，他會用得上的。

朵：他對如何使用石頭有足夠瞭解了嗎？

妮：大概還不行。不過也許他會學到。也許我教給他的夠他將來用了。

朵：你有教他怎麼讓食物出現嗎？

妮：他知道。那個我不用教，他本來就會了。

朵：也許有其他事他將來也會知道。也許他可以透過感覺、直覺和本能來學，這樣他就能理解其他的部分。

妮：對，沒錯。這個孩子很聰明，我教他的夠多了。我希望將來他能靠自己瞭解………我想我的時間到了，本來不該是這樣的，不過現在是了。我本該再留久一點，留到我是個老人……我越來越虛弱了。沒有人發現我。

我將他移動到死亡之後，要他從靈界看看自己的身體。

妮：那身體好可憐，蜷曲成一團。它還沒有老，本來可以再老點的，但不能了。身體整個癱在樹下。我不知道樹是怎麼倒在身上的。

朵：有時候有些事就是註定會發生。

妮：一定是這樣。

我接著問他，從他所在的靈界觀點來看，他在那一世學到了什麼。

妮：透過旅行，我學到不用害怕待在一個地方。我本來也不是該停留在一個地方，旅行才是我要做的事，四處去學新東西。我學到不要因為害怕而像其他人一樣留在村子裡。有些人害怕未知，他們只想留在他們知道的安全地方。那些我在好久前都做過了。我知道是怎麼回事了。我本來就該四處走走並嘗試新的事物。

我接著把那個男子留在那裡，下指令讓妮可飄離並請潛意識出來。我問它為什麼讓妮可看那一世。

妮：她需要知道繼續療癒別人對她來說是重要的。她需要知道自己確實有這些能力，而且她還有很多自己不知道的能力。

朵：她的護理師工作就用上了她的部分療癒能力。

妮：還有好多可以學的。好多可以做的。

朵：但他在那一世使用的是石頭，不是嗎？

妮：當然，你必須透過人世的經歷來成長。你必須利用手上能有的一切工具，直到你沒有任何工具，可是你能夠直覺反應。

朵：所以她現在不再需要任何工具了？

妮：不需要，她以為自己需要，但她並不需要。工具是我們學習的輔具，我們使用這些石頭和水晶，但你會到達不需要任何工具的階段。你運用思想。思想是非常強大的。思想是你唯一需要的。你們的人世仍然在地球，地球上的觀念非常根深蒂固，以致人們並不知道可以只使用思想。人們認為他們必須使用物質的東西，但是不用。我們就是這樣進步的。

朵：大家總是問我有沒有什麼儀式是他們可以做的。

妮：儀式比較像是循序漸進的步驟。你一步步達到你能做到你需要做到的程度，然後到了某天，你就不再需要那些儀式了。

朵：你的意思是妮可的能力已經進展到超越了那個階段？

妮：對，但她不知道。她還不知道要如何（在實體界）達到那個境界。她應該要療癒和教導他人。不過我不知道要用什麼方法讓她知道。她就是必須進步才行。

朵：但她現在是護理師，所以她已經在療癒人的環境裡了。

妮：那不夠，她還必須做別的。

朵：她應該把她的療癒能力用在醫院嗎？

妮：不，那個階段已經過去了，她應該要進階，但我們不能告訴她要如何進階。她想要知道，但還不是時候。那天會到的。她現在照護嬰兒跟兒童，這很重要。這是要到我們將要去，我們需要抵達的階段的步驟；她需要做更多，思考更多，心靈更開放，然後那些事將會出現。這沒有學校可以學。知識會從上而來，從遠方而來，如果她允許。

她想去學校學，而這不是哪個學校可以教導的。那是從遠方進入你的生命（的知識）。

朵：你說的「遠方」是什麼意思？

妮：不在這裡的地方。

朵：不在地球？

妮：對。其他的實相。實相？這樣說對嗎？不在這裡的地方。非實體的。不沉重。那是另一個地方，但不沉重。

朵：不是一個堅固實體的地方？

妮：它是的，但輕盈很多。它非常、非常偏向思想，不是那麼物質。（知識）會出現的，但是是在恰當的時候。她想要它趕快出現。

朵：每一件事都有它發生的時機。但你可以告訴她，她是否應該做手療還是其他型態的療癒工作？

妮：用手碰觸人會有幫助，然而，就像那個男子想著食物（譯注：然後嗎哪就出現了），這比較是思想方面的事。那是同類型的能量。思想能有所幫助，思想能慢慢注入那個能力。這聽起來似乎沒什麼道理，但就是這樣。注入思想，能力就啓動了。

根據字典上的定義，注入表示灌輸或萃取某些特質。

朵：但你也知道我們人類喜歡有人教導，而且給我們看實質的東西。

妮：有些事不是用說的，它們是透過思想學到的。這樣很好，因為你是在幫助思想的過程。允許想法的擴展開啓你的心智。心智越開放，能力越容易被灌注到那個人身上。她知道她將會經歷這些事。這會要一些時間。她很急。她怕在學習這個課程之前，自己會發生事情而死亡。她不必擔心會有這樣的事。她會在這裡的。只是她要再等上一陣子。她唯一能做的是信任她的本能和直覺。這些東西沒有書，沒有學校教。現在大家知道的都不是真實正確的。這些將來一定會出現，她會知道這些事的。這比直覺更強大，會是打從心底就是知道。她必須願意讓它進來，不要害怕，因為人類就是會害怕。觸摸能夠療癒，有很多人宣稱他們可以做到，但那不是事實。很多人做不到。那些在……傳播裝置……嗯……

朵：你是說電視嗎？

妮：對！電視，就是電視。那些電視上的人說他們可以做到，其實不行。他們還做不到。外面**確實**有人能做到，但那些人聲稱自己可以，他們是在傷害那些聽信他們謊言的人。但將來會有那麼一天有更多人能做到這些事，透過手的接觸和思想來療癒。

朵：你說有些人可以做到，但他們大概也不會出面。

妮：你對這方面知道的應該比我多。

朵：我的意思是他們不讓人知道。

妮：只有少數像你這樣的人，他們不會害怕交談。他們會什麼都告訴你。但你必須好好聆聽，知道誰做得到，然後要鼓勵他們，因為他們會害怕。不過我們正試著把療癒的語言傳過來，並且慢慢灌注療癒的能力。每個人都覺得孤單，然而他們不會孤單了。他們並不知道自己有這個能力。這些人覺得迷惘，因為他們不知道可以跟誰說這些。他們害怕別人不會瞭解和接納他們。

朵：但當妮可能夠做到的時候，這些事對人們來說會很尋常了？

妮：對。到時會有更多人在做這些事了。這會在她離開這次人世前發生。

朵：她現在應該繼續在醫院工作嗎？

妮：她可以繼續，事情沒有一定要怎樣。時候到了，她就會收到「注入」的知識。每個應該要做這些事的人會在差不多同樣的時間收到。

朵：但你不能告訴我們這是多久以後的事？

妮：噢，要一陣子。那時你還在這裡，妮可也還在。但還要一些時間。

朵：所以到時候我們都還活著，但不是馬上就會發生。

妮：對。人們要先沒有恐懼，而知識將對大眾公開。會有一波知識開始注入，療癒也就隨著展開。

朵：所以我們應該都會參與其中。

妮：每一個人都會參與其中，但只有那些真正關心的才會是療癒者。地球上的每一個人都將躬逢其盛，但人們因太過害怕而無法開放心靈。他們太害怕而無法對這些知識開放。然而療癒者和像你這樣的人會是前行者，而且會深深受益，害怕的人則不會。這需要特別的能力，但將會有足夠的人來幫助其他人前進。

朵：有很多來找我的人被告知他們是要來做療癒者。

妮：他們是的，每一位。是的。我們需要盡可能多的療癒者，因為這個星球將會有某種疾病。

朵：你的意思是？

妮：一個很糟……嚴重的疾病。它造成的傷害可能會糟到無法恢復的程度。這個疾病需要很多療癒者以正面思想來反制可能會發生的事。

朵：它是會影響人類的疾病嗎？

妮：對！噢，每一個人都會生病！噢，這可不妙！

朵：是哪種疾病？

妮：環境上的污染。

朵：從空氣來的？

妮：從土地，土地應該要健康，但是已經好一段時間不是這樣了，而且將來也不會健康。將會需要很多療癒者來幫助人們恢復健康，如果他們做得到。一直都有許多警訊，但沒有人在聽。它將會發生。

朵：這會是透過我們吃的食物嗎？

妮：食物、水。水是最糟的。但食物來自大地。沒有方式救得了每一個人。

朵：你的意思是食物被污染了？

妮：是的。這需要每一個人正面思考，並且做正面的事來避開它的發生。這會很嚴重，會影響到一切（她對看到的畫面感到震驚）。噢，天啊！

朵：我好奇會發生什麼事需要那麼多人當療癒者。

妮：噢，到時需要的療癒者會遠遠多過那時候的療癒者！噢，天啊，好悲哀！好多人會死去！

朵：這會是逐漸發生，還是一下子發生的事？

妮：現在就在發生了，但影響會出現在——十年。十年後，就會完全知道它的影響。

朵：對人體的影響？

妮：對。我要說是「十年」。（這是二〇〇五年做的催眠。）

朵：這對城市人的影響會多過住在鄉間的人嗎？

妮：這就是令人難過的地方了，它對每個人的影響都一樣。那是你們放進大地的東西，它滲入水裡，結果沒有一個地方是安全的。療癒者到時必須淨化人們和土地。

朵：那麼療癒者會受到保護，免於這個疾病嗎？

妮：不，不盡然。他們也有人會死亡。

朵：這是為什麼必須要有那麼多的療癒者了？（對。）我本來在想如果他們是來幫助別人，他們將會受到保護。

妮：這是沒有方法保護的。疾病到處都是。唯一的保護將會來自別的地方。

朵：你認為那樣的事會發生？

妮：如果我們幸運的話就會。他們會憐憫我們。如果我們表現出我們真的想做正確的事，他們就會幫助我們。如果我們繼續照現有的方式做事，他們就不會幫忙了。外面有很多願意幫助我們的力量，只要我們願意從清理現在的局面開始。要不然他們就會讓我們去找自己的出路。他們不能干預。但如果我們已在正確的道路上，他們就能幫助我們。

第七章 人類外衣

潘蜜拉一直都在一家環保公司工作，最近因為與上司的一些問題和衝突而被解僱；她發現公司內部的弊端，覺得必須舉報。現在她想知道自己是否該走不同的路，而不是回到企業職場任職。這是她來催眠的主因。我向來相信潛意識會帶個案回到最適合的時間及地點，解釋他們人生的問題，就算故事對我來說一開始並不合理，我知道在結束催眠前會得到解答，因為「它們」能夠看到全局。

潘蜜拉看見自己站在山坡上，正往下看著一個小鎮。她看到自己是位老人家，留著長長的灰色鬍子，身上披裹著簡單的長布袍。他手上拿著根長杖，所以我想他可能是個牧羊人，但潘蜜拉說不是，說他是個智者，一位長老和療癒者。他住在樹林邊的小茅屋，可以俯視山坡下的小鎮。屋子裡沒有多少東西，最顯眼的就是一個熬藥草的鍋子。藥材有些是他自己種的，有的是從森林裡收集來的。他說自己無師自通，直覺上知道該用什麼藥草來幫助找他的人。他一個人獨居，但似乎自得其樂，因為他覺得他做的是助人的工作。他不只是使用藥草，也會把手放在求助者身上的特定部位來療癒他們。

我有過許多個案在催眠時回溯到自己是使用天然物質的療癒者。他們之中很多人的知識是天生就懂的，有些則是被某個智者教導。然而，雖然他們幫助了許多人，做了很多好事，人們仍然懷疑和懼怕他們。他們通常離群索居，因為人們把他們看作異類。這些前世故事說明了恐懼在人類發展上所扮演的角色。人們總是害怕自己不瞭解的事，他們無法信任未知、奇怪及不熟悉的事物。從那些時代至今，我們雖然已有長足的進步，至少不會因為人們的信仰不同而去殺人，但我仍發現那樣的恐懼殘留在現代的痕跡。

朵：你說沒人教你這些，你就是知道要怎麼做？

潘：對，我向來就知道。我跟森林裡的動物學的。

朵：除了使用草藥和觸療外，你還有其他療癒人們的方法嗎？

潘：我跟他們說話。有時候，他們就只是需要說說話。這樣的談話有時候很簡單，有時候卻不是。有時他們需要身上帶著藥提醒自己治療。不見得每次都是藥的功效，有時候有用。藥是可以有效的。他們其實並不真的需要那些藥，但他們需要藥來提醒自己。沒有藥也會好這件事會嚇到他們。

朵：你的意思是你知道他們其實可以療癒自己？

潘：對，不過有時他們會害怕。他們想要別人來做這件事，這沒有關係。有時候他們雖然怕我，還是會來找我。有時候甚至我幫了他們，他們更怕我了，因為當我跟他們說：

「你們可以療癒自己。」他們不認為他們做得到。害怕反而比較容易。

朵：其實沒有理由害怕，但我想有些人就是會這樣。

他發現了我在課堂中所教導的根本觀念：每一個人的內在都有療癒自己的力量。然而，人們並不相信自己會有這樣的天生能力，他們認為需要自身以外的人來治療。

我決定把他移動到一個重要的日子。他說：「我看見他們爬上山坡，手上拿著火把。我就知道他們會這樣，他們打算來燒我的屋子。」

朵：他們為什麼要那樣做？

潘：我能療癒人，不該有人這樣做的。唯有神能療癒，他們說我不屬於神。

朵：但他們不是會來找你嗎？

潘：噢，會啊。有人說服他們這件事是邪惡的。真是沒道理，他們不講理。我不屬於他們的團體。

朵：你不是那個鎮上的人還是什麼？

潘：我不是，我看起來不一樣。我看起來很不一樣。他們頭腦簡單，我不是。我是從別的地方來的。我來幫助他們。……他們將會放火，然後會以為把我燒死了，但是沒有。我就只是離開了。

朵：你從別的地方來的？……你在微笑。

潘：我好像是從群星那裡來的，因為我不會死。我來的時候試著向他們說，但他們不聽，而且他們認為殺了我就可以擺脱我。

朵：你之前説你是來幫他們的？

潘：是的，但最多也只能幫到這樣了。

朵：有人告訴你要去那個地方幫忙嗎？

潘：我可以選擇。是我選的。這樣做有可能幫上忙，而他們也確實成長了。我以為這些人可以學，我以為可以教他們，也有些人的確學到了。我教導了很多人，不過這也讓他們感到恐懼。他們將無法做到他們原先可以達到的程度，但教給他們的夠讓他們用上一陣子了。

朵：他們不會失去你教給他們的所有知識。（不會。）你説你從群星那邊來的？

潘：對，那是個不一樣的地方。

朵：跟我説説。你説的時候在微笑，那裡一定是個好地方。

潘：我們有很多人下來做這樣的事。

朵：你們是決定一群人一起來嗎？

潘：我們去不一樣的地方，我們通常是各自去一個地方。

朵：可是這樣你就跟大家分開了。

潘：對，不過分開的時間很短。就只是來試著幫忙，留下一點知識。

朵：跟我說說你來的地方。

潘：那是艘太空船。

朵：你在太空船上時，有跟現在同樣的身體嗎？

潘：沒有，我們不一樣。我們沒有同樣的身體，但我們做了些改變再下來。我們必須這麼做，身體必須要能適應這個地方，符合這裡的人的外觀。我們不一樣沒關係，與眾不同很重要，但不能太特殊。

朵：要不然可能會嚇到人？（對。）所以你原本的身體看起來並不一樣？

潘：對，形狀不太一樣。

朵：你們是被要求來做這些事的嗎？

潘：這就是我們的工作。努力推動群體的演化。或是帶給他們一點資訊、一點技術。要不然整個演化過程會花上太久的時間。有的群體的表現比別的好。有的不像其他群體那樣恐懼。這取決於那個群體的信念。如果某個群體原本就有恐懼，他們要克服恐懼就會更困難。不過如果他們已經克服了恐懼向前邁進，他們就能更快演進，不需花太多力氣來處理恐懼了。

朵：你跟村裡的那群人合作很久了嗎？

潘：喔，沒有。大概一個人世吧。

朵：你是從一個成人的身體開始？（喔，是的。）你不用從小孩的階段開始？（不用。）你決定用那個類型的身體來融入環境。

潘：對，不過不太一樣。那些人，他們的膚色跟我不同，所以我選擇了比較淡的膚色好吸引他們的注意。不過因為他們在演進上還很簡單，這樣做可能會有不同的效應。可能演變成我像神般的存在，而與他們信仰裡認為的神祇觸。你永遠不會知道事情會怎麼演變。

朵：你永遠不會知道他們會不會接納你。

潘：對。不過他們學到了足夠的藥草知識，而且能夠運用，還有一些學到了使用心智的力量。其他的人不想相信自己有這個力量；他們想要一個神。

朵：那麼有的人學到了並且能運用你帶來的知識。（對。）但也因此村落的人不覺得你是跟他們的神合作？（對。）所以他們認為你是邪惡的？

潘：這都跟權力和那些藥有關，村落的人覺得他們失去權力。最後事情就發展成那樣。

朵：所以他們把你看成威脅？

潘：我試著跟他們合作。有個人學了，然後他認為他可以自己來做，而且會有進展。由於他是我第一個合作的人，所以這個人一開始很特別。不過後來其他人也來學，他就沒那麼特別了。他想獨占所有的知識，於是就唆使其他人反對我。

朵：那他就是要人拿火把上山的主使者了？（對。）你對他那麼做有什麼感覺？

潘：喔，沒關係。他們就是會那樣做的。

他對那些人沒有怨懟，這樣很好，因為怨懟會產生業而帶到這一世。

朵：嗯，你剛剛說他們上來了，你認為他們是要來燒你的房子。結果呢？

潘：他們燒了房子就走了。

朵：那你呢？

潘：我想身體是燒掉了。

朵：你看見了什麼？

潘：我就坐在屋子裡讓他們燒。

朵：你沒有試著逃走？

潘：沒有。沒有必要。

朵：所以你現在是在身體外面看著這一切？（是的。）那你現在要做什麼呢？

潘：回去，選另一個身體，然後再來一次。我還是會來幫忙。

朵：你是要回去太空船上嗎？

潘：對……不管那是什麼。我在那裡可以拿到另一個身體。我可以選擇。

朵：你說「不管那是什麼」。它看起來不像太空船嗎？

潘：是像太空船。我確實有看到金屬類的物體，但我不清楚。

朵：你說你可以回去那裡拿到身體？（對。）那是怎麼進行的？

潘：就像個外殼一樣。

朵：你現在回去那裡了，我想你已經準備好要再拿個身體。你說你還想再做一次？

潘：我們就是做這個的。這是我們的工作。

朵：之前發生那樣的事不會讓你心灰意冷嗎？

潘：我不覺得我有任何情緒。

朵：你要如何拿到下一個身體？那是怎樣的過程？

潘：先選好要去的地點，依照上次的經驗來形塑身體。也許上次身體的差別太大，所以我下一次就必須……這是用心智的力量來創造身體，蠻容易的。用學到的經驗把這次的身體創造得也許更類似，也許更不同，總之就試試……它就像個外殼，你只要改變它，然後走進裡面。你就出現了。這不是完整的生命歷程。你不是出生。你只是穿上外殼，然後走進要去的地方。

朵：你是在船上創造外殼，還是到了要去的地方才把外殼穿上？

潘：有點像是當你出現在某地時就有了這個外殼。

朵：在你決定了要去哪裡？

潘：對。你就只要走進這個殼裡。

朵：你出現時總是成人嗎？

潘：對，你也可以不這麼選擇。但這樣比較有效益。

朵：你不想浪費時間當小孩子。（沒錯。）這樣你也不會忘記你的計畫。

潘：對。這跟轉世是不同的事。轉世的時候，他們有人生計畫。這個是出任務。

朵：你決定要做些事幫忙。

潘：來教導。

朵：所以下次你會選另一個地方，然後你會療癒和教導他們？

潘：喔，是的。有時候一個任務會比別的任務久，我就能學到如何處理得更好。我們是一小群團體在做這樣的工作。

朵：你曾經轉世過嗎？

潘：有，這只是其中一個，我的任務是去很多地方教導。

朵：你曾在地球上有過實體生命嗎？

潘：很多次。這次只是個任務。選擇花上一定的時間來教導、幫忙。我教導，我也學習，可是這跟我許多次的轉世不同，我在那些轉世也有學到東西。使用的身體和執行的任務純粹是計畫裡的一部分。然後，你開始不同的一世。但在這世，我的工作是要下去跟某個團體生活，幫助他們一段時間。套上一件人類外衣去做事，然後回來。我想要出幾次任務都可以，直到我選擇再次投生為人類為止。我只是想去試試，但每次結局好像都差不多，到了一個時候，恐懼就會發酵，然後他們再也不信任了，於是我就必須離開。

朵：試著改變恐懼不是你的工作？

潘：它是啊，有些人表現得很好，但是在我離開後，他們並沒有總是走上正確的方向，要不然就是隨著時間而（效果）淡化了；對每個人都不同，但有很多人會改變。大致說來，即使有恐懼，還是有了進展。沒關係。不論是怎樣，我都沒有情緒。無所謂。

朵：因為你不真的是那個人（對。）你只是有那個經歷。（對。）那麼你知道發生了什麼事嗎？

潘：是的，但因為不是人類，所以沒有人類的情緒。

朵：好，現在你已經離開那個身體，你說你要回去選另一個身體。

潘：但它仍然不是人類，還是在**那一世**。

朵：你知道你現在正透過一個我們稱為潘蜜拉的人類身體說話嗎？（知道。）這是不同的情形嗎？（喔，沒錯。）發生了什麼事？

潘：我想從人類的角度來試試。這很不一樣。

朵：你決定要活一次完整的人生？

潘：噢，是的，很多次了。我們有過很多很多世了。有時候當人類很辛苦。

朵：你選擇這世來當潘蜜拉的時候，有做計畫嗎？

潘：當然有。

朵：你的計畫是什麼？你希望完成什麼？

潘：每一件事……每一件事。完成所有未做完的事，並且理解。解決累世的人類課題。清理各種事，學習需要學的東西。

朵：當你在規劃時，你會設定障礙嗎？

潘：障礙是必須要有的。

朵：為什麼必須要有障礙？

潘：不然要怎麼證明你學到了東西？

朵：我是在想，如果進入一個沒有問題的人生一定很好。（她笑了）

潘：我們可以那樣選擇，但就沒什麼樂趣了。我們不必有大問題，但如果沒有黑暗，你就認不出光。如果一切都清楚攤在面前，而且很容易，你是可以選擇那樣的人類經驗，但那樣就沒有成長。是挑戰使你成長。這些概念對靈魂很容易瞭解，但當在人類層次時，就不是那麼回事了。

朵：所以，這一切都跟成長有關？（當然。）要學更多？

潘：掌握人類的情緒。如果身為人類，看見他們拿著火把過來會非常難受。這是為什麼我不想再一次了。

朵：不過你知道當你進入身體，你就會忘記你的計畫。

潘：對，但當你經歷後，你選擇訂另一個計畫，你選擇仍然要做這個工作，但不要有人類的情緒。這就是選擇。然後在那之後，在某個階段再次嘗試投生人世，帶著人類的情緒來理解人類經驗。

朵：合併這兩種體驗？

潘：對。在另一種生命形態時，你能夠選擇身體，然後來這裡教導，那時沒有恐懼，但也沒有完成後的成就或滿足感，這兩者都不會有。你能夠體驗並得到知識和分享知識，不過你不會有滿足感，也不會害怕別人會來殺你和類似這樣的事。你不會有身為人類想與別人分享的那種喜悅，但你也不會有恐懼。所以下一個挑戰就是試著以人類的形式來體驗喜悅並學習不要那麼恐懼，反正就做做看。學習**克服**恐懼很重要。當你在人類的形體裡，看見人們拿著火把向你衝過來，這真的很難，因為你知道你會失去這個人類形體。而在另一個情況，人形只是件外衣，一點都不重要。任務的目的是用人類形體來學習。這是唯一不同的地方。

朵：這樣聽起來，你們努力在做這些事，一定是非常進化。（對。）那些被業力之輪困住的人類，他們的進化程度並沒有辦法區分這兩者，是吧？（沒錯。）聽起來你已經做這個工作很久了。

潘：對。這次是最後一次了。如果我想的話，我可以另做選擇。我們總是能改變心意。

朵：你認為這是你最後一次體驗當人類嗎？

潘：計畫是這樣，但計畫也會改變。而且這一世有自由意志和選擇，也許體驗一個很溫和的人生也很不錯。

朵：你認為你把所有可學的都學到了嗎？

潘：已經學到很多了，對。

朵：那就沒有理由要再回來了？

潘：除非是為了好玩。

★ ★ ★

在我的好幾本書裡，甚至二十年前寫的書就提到過變形者（shape shifter）。然而，他們跟現今某些作者所說的負面事件完全無關。他們是本章和本書其他章節所描述的類型，他們向來是前來地球（或被派來）幫助在地球上掙扎奮鬥的物種的存在體。數不清的歲月以來，他們一直來到地球，但不是透過出生和有著實體生命的正常方式。他們會形塑一個可以融入社會的身體，然後使用它居住在人群裡，他們這樣做才不會嚇到周遭的人。他們向來是來這裡協助、教導，以這樣的角色／身分工作。即使是今天，他們有許多人是從事於醫療和教育領域，透過提供他們的知識來協助我們。他們並不試圖影響我們，純粹是分享及教導。他們被禁止活躍於治理社會等活動，那會違反第一條規則——不干涉原則，所以他們隱身幕後。今天有許多人很可能曾與他們接觸過，但對此毫無所知。

★　★　★

我認為該是進行療癒並詢問潘蜜拉個人問題的時候了。我問他們是否能回答，還是我需要詢問更高的層級。他們說會試著回答一些問題。「你們似乎知道很多潘蜜拉的事。」我說。

潘：這裡有很多存在體知道。

朵：嗯，她現在這一世一點都不好玩，她設定的並不是愉悅的人生，而是辛苦的童年和種種。她為什麼擬定這麼困難的計畫？

潘：這是為了在一次人世就清理掉所有的議題。這很複雜。過去所留下的課題和業被安排好要清理掉。

朵：所有留下的東西？（是。）而她只能透過非常悲慘的童年來清理？

潘：沒有那麼糟，不過是有造成創傷。這是為了平衡業和選擇的結果，因為那些議題需要被再次面對和克服。

潘蜜拉童年曾被性虐，父母對她也不好。「她選擇成為女性，選擇那個能量，並以那個方式被攻擊。」聽起來很殘酷，我有時很難相信靈魂會選擇那樣的情況。當然，從靈界看來，一切都很清楚而且容易解決。我問她是否跟這些她生命裡的人有過去世的業力。他們說曾經有過，但現在都清理掉了。她的婚姻也是個糟糕的經驗，他們說她當時可以更快結束那段婚姻，她並不需要留在婚姻裡那麼久。他們同意所有殘留的「垃圾」已經被清除了。除非她自己選擇，她不需要再回來人世。

我們把潘蜜拉的問題幾乎都討論了，也得到許多寶貴的洞見，接著我們遇到了阻礙，他們說他們沒有資料，於是我問是否可以召喚其他能回答問題的部分來回答。他們同意了，我謝謝他們並請潛意識前來。我的第一個問題總是為什麼它會選擇那個特定的一世給潘蜜拉觀看。

潘：這樣她就會知道是一樣的。

朵：是一樣的嗎？

潘：對，她現在也只是穿著件外衣。它只是件人類外衣。

朵：對，只是個人類的外殼。我總是說那是「一套衣服。」（是的。）為什麼你們要她知道這個？

潘：她忘記了（她在微笑）。一切似乎都好真實，因為真的是那樣。人類有感覺，而且感覺非常真實，不過到了最後還是一樣。都是靈魂。都是一。

朵：是啊，在另一種生命狀態時並沒有情緒。

潘：對，那樣很容易。

朵：他那時在幫助人類，但他並不必去感受任何事。

潘：不必，但當你躲掉痛苦，你也會錯過好東西。這就是要學的課題。情緒非常重要。你不能撇開它們。

朵：潘蜜拉這次的確選了一個困難的人生。

潘：是的，而且比她需要的更加困難。本來是任務，但變難了。任務是一樣的，但她受到了阻礙。

朵：可是她學到好多，不是嗎？（噢，是的。）

我接著問了先前其他部分的她無法回答的問題。潘蜜拉曾找她的朋友——一位上過我的課的學生催眠，過程中出現了她們無法理解的事。她們在催眠時被告知潘蜜拉在嬰兒時或很小的時候，某件事的發生使得她的靈魂被取走一塊。我聽起來覺得不太對。

潘：信任。那是信任。

朵：請解釋給她聽。那是什麼意思？靈魂怎麼會被取走一塊？她們得到的資訊正確嗎？

潘：「取走」不是正確的字。事情不應該那樣發生——信任，建立的情感，跟照顧者之間的情感被破壞了。母親無法，也沒有與孩子建立情感。她們沒有情感連結。孩子那部分的靈魂沒有發展。雖然母親沒有表現出對孩子的愛，依然令人無法喘息的黏人，非常需要關愛和注意。

朵：原來是這個意思。它不是被取走，而是沒有發展。這聽起來有道理多了，因為在我的工作中，我被教導靈魂是無法被取走部分的。

潘：那個部分沒有發展，而且被擱置，這讓事情變得棘手。她很難跟人產生關懷、充滿愛的關係，因為她從小就沒得到。原本是應該要的，但母親無法做到。不過這是很類似的故事。她母親的焦點在丈夫身上，而母親太痛苦了，無法對潘蜜拉表現愛。結果潘蜜拉靈魂的那部分沒有得到發展，這影響了她整個人生。缺乏愛的母親所造成的影響被帶到潘蜜拉的每一段關係裡。

這影響到潘蜜拉的婚姻，她從來沒有安全感，因此無法表達情感。現在她的生命裡有個男子帶給她好的影響。他提供潘蜜拉一個安心的環境，讓她學習表達感受及情感。她大部分的業已經平衡，除了跟女兒還有些要處理。「她也知道自己無能為力。她必須原諒自己。她犯的錯跟自己母親犯的錯很類似。少了情感的發展，她無法給出自己沒有的東西，即便如此，她從中學到了很多。她原本能做出不一樣的決定，不過因為欠缺了某部分，也就是沒有發展的那部分，使得她沒有能力去愛，因為即使是在惡劣的情況裡，如果愛的連結建立了，靈魂就能夠克服很多事。但沒有發展的話，簡單的事也會變得阻礙重重。她已經做得很好了。」

朵：這表示了童年的重要，不是嗎？

潘：對，她對童年沒什麼記憶，這樣最好。她曾經不想活了，很多次都想死掉。沒有愛，她不想繼續待在這裡。如果你只感受到痛苦，那麼感受人類情緒又有什麼用？有什麼意義？她這次的人世是要感受種種情緒，這部分卻沒有按計畫走，她本應該要能感受到愛的。但事情沒有以她需要、想要和給予的方式來回應，於是她關閉了自己，發展出其他類似愛或她以為是愛的行為和表現。

朵：她有試圖自殺過嗎？

潘：沒有，但有很多次她不想在這裡了。

這是潘蜜拉健康出狀況的主因，特別是睡眠呼吸中止，呼吸的暫停。「那是一種關閉。」

朵：如果沒有愛的話，她不想繼續待在這裡。

潘：對，而且這很令人悲傷。童年時，她周遭的人以某些方式來表達愛，但因為她受到的侵犯，她的感受很混雜。事情表面上看是一回事，私下又是另一回事。她也欠缺母親的關愛。她母親根本不知道該怎麼做，怎麼去愛。非常疏離。她的母親有很多很多的問題。

朵：她也不知道愛是什麼。

潘：對。在安排計畫時，她安排了事情的發生和可能性，但發生時，她做不到。所以潘蜜拉知道她把痛苦等同於愛，因為她沒有別的東西來視為愛。因此她的婚姻比父母的更糟，也更加痛苦。

朵：她在其他世認識他（指前夫）嗎？

潘：有，非常多次。他本來可能在這次婚姻中做出改變，他選擇了不要，他做不到。

因為這位生命中新出現的男士，她似乎終於度過了難關。他與之前的人完全不同，而且對她有非常好的影響。看來她的人生終於可以從負面轉為正面發展。

★ ★ ★

接下來談到療癒的主題。我遇過幾個人說他們想被治癒，他們也被治癒了，但他們卻不接受自己當時被治癒了這件事，而且對我相當生氣。他們說：「你應該要把我治好啊。」

潘：他們想要他們的病。因為生病對他們有好處。他們必須要有被治癒的準備。你能幫助的人有限，而且這是取決於他們。他們有些人的情況可能可以用這句話解釋，在《聖經》裡，耶穌告訴他們先逐出惡魔。那不是真的惡魔，那是他們內在的信念——他們無法被療癒。如果不把他們自己創造的惡魔先驅逐出去，療癒他們也沒有意義。問他們是否真的準備好了，是否願意被療癒。不是的話就不用來！還有很多人需要你，不要浪費時間在那些沒意願的人身上。

朵：我遇過一個女子在電話上對我大吼大叫，說我沒有療癒她。

潘：你不是療癒的人，她才是。

朵：我知道接下來要靠她自己。當她從我工作室出去的時候，她人是沒事的。

潘：如果有人想要留在較低的能量裡，你必須尊重他們的意願。你已經做到你能做的。但療癒是在許多層面完成的，就算他們這一世沒有移往更高的能量，療癒也會被接收。而且他們確實有了成長，整個過程仍是值得的。能量非常重要。浪費在……你說過那是對牛彈琴……沒錯。你的工作非常重要，（他們開始笑出聲）噢，我們喜歡跟你一起工作，你確實造成很大的影響，因為透過你教導的那些人所產生的快速增長的效應，橫跨了整個世界。他們不會全部都做這個（指催眠），但是他們覺察了。每個你接觸到的人，你對他們的效應將會延續，因為每個人都會講述，而且種子是在各個地方播下。這已經造成了巨大的改變。

第八章 緊急救援小組

珊妮來自非洲，現在住在美國，她有自己的金融事業。她主要想知道她在情感關係上的問題，而不是人生目的。珊妮在催眠時回到一個奇異的前世。她在另一個星球，努力幫助那些無助或身處絕望情境的人。為了不引起注意或懷疑，她會創造出一個類似周遭人們的身體。這個工作很困難，因為她能夠感受到人們的情緒。「我想要幫助他們。我不喜歡這裡，這裡非常非常不舒服。」

朵：有人告訴你要來幫助這些人嗎？

珊：是的。我是從另一個地方來幫他們的。我被指派來做這個工作。

朵：你來的地方是什麼樣子？

珊：噢，那裡好美。大家都很開心。他們非常非常好。我們有很多的能量。

朵：你在那裡做什麼工作？

珊：我的工作是幫助其他星球的人。他們派我們出去，他們知道哪裡需要幫忙。

朵：所以你一開始看到的地方……你有一世住在那裡嗎？

珊：有，我在另一個星球有過一世。我被派出去協助。現在的情勢非常、非常糟。他們告訴我們去哪裡以及如何提升。

朵：你有選擇嗎？

珊：沒什麼選擇。你不能拒絕，因為那是你的職責。你就是必須去，然後幫忙。那是我的工作。他們看不到我，但我必須跟他們一樣，我不能以自己的樣子下去。我必須看起來像他們。

朵：你很常被指派這些任務嗎？

珊：對。我被派去不同的地方。我們那裡每個人都在工作，去各個星系的不同地方、不同的行星。我也是，去別的地方，然後工作。

朵：在新任務分派下來前，大家並不知道自己要去哪裡？

珊：對，我們就是等待。等待去那些非常需要協助的地方。我們是緊急救援小組，我們這麼稱自己（笑出聲）。好好玩。

朵：但你們並不是守護天使？（不是。）祂們有時也會出緊急任務，不是嗎？

珊：是的，祂們會。但我們像能量，我們住在這個空間。不是星球，就是個空間。我們的能量很高，我們會去幫助其他星球的人。

朵：有人知道什麼時候會有緊急事件發生？

珊：對，我們有個基地接收所有的資訊，資訊匯整到那裡，然後他們指派我們出任務。

朵：那裡有個像指揮官的角色嗎？

珊：沒有，沒有這樣的角色。有一個被指派做這個工作的人，但不是指揮官。他只是被指派要為我們取得資料。

朵：但他們知道所有星系和行星發生的事。（對。）那是個龐大的工作。

珊：這個工作非常龐大，而且現在也是很重要的時候。

朵：為什麼？

珊：因為將有很多改變發生。

朵：改變會發生在哪裡？

珊：到處。宇宙各處，各個星系。

朵：會發生哪類的改變？

珊：我想會是災難。將會有激烈的變化，引發演進、成長的變化。要進入下一個階段，每個星球都是。

朵：所以是整個宇宙前進的時候了？

珊：對，我認為是這樣。有些前進得非常快，有的速度慢下來了，不過所有的人都在前進。

朵：這會影響每一個人和所有行星嗎？

珊：會。

朵：影響的方式會不同嗎？

珊：這要看情況而定。會很不同。影響不但巨大，而且涉及很多事。現在實在很難向你解釋。

朵：聽起來確實是龐大的工作。那麼一定有很多像你一樣的存在體了？

珊：對。我們有不同的水晶。有些有藍水晶，有些有黃水晶，有些是紫水晶，有的有綠水晶。我們都有不同的水晶，不過不是水晶在工作，是水晶裡的能量，我有一個很亮很輕的紅水晶。

朵：那些顏色代表不同的意義嗎？

珊：意義都不同。如果你有紅水晶，你去的地方就會是需要紅水晶的地方。每個顏色都有能量，不過如果你跟我一樣有紅色的水晶，那是療癒的水晶。它療癒遇到的一切，它療癒人類的身體，或甚至星球。它的威力強大。不用很大顆，大小只要能隨身攜帶就可以。你可以把它像項鍊一樣掛在脖子上。

朵：所以其他顏色有不同的用途？

珊：對，不同的用途。藍色的水晶帶來所有的知識。如果有個地方需要知識，有藍水晶的就去那裡傳播知識。如果你想蓋座大型建築就帶著白色水晶，它對建造和建築師的設計有幫助。如果帶黃色水晶過去，它能讓自然生態茁壯，花和樹能生長得很茂盛。紫色水晶是力量最大的，我們使用它把人們帶到更高的靈性層面，或以更快的速度進化。它非常強大。綠色的水晶是用來旅行，當你在各地之間移動，可以用來當動力、加速和那類的用途。當然，我的紅水晶是用來療癒的。

朵：所以每個人都有不同的工作分配和使命？（是的。）這個派遣跟他們個人的進化、使用的水晶有沒有關聯？

珊：有，還有他們的興趣。他們必須對自己做的事有興趣。這些都很重要。

朵：你是怎麼去這個地方執行任務的？

珊：我就是出發。就到了。我不知道我是怎麼到的。用意念吧？我想。（笑）

朵：當你們出任務時，你們必須創造一個可以融入當地的身體嗎？

珊：對，我們必須融入所在的環境。我們必須是當地人的樣子，不然他們不會接納你。你必須要有跟你去的地方一樣的身體或什麼的。

朵：不然他們會害怕，必須要有他們會接受的樣子。（對。）你做這個工作很久了嗎？

珊：是的，很久了。我愛我的工作，這個工作很棒，但我也做別的事。我也會去別的地方，用那邊的身體住在那裡。

朵：你的意思是在那裡停留較長的時間？（對。）所以你不是出完任務就離開了？

珊：都有。出完任務然後離開。有些地方只去很短的時間，只是送他們光和能量，然後就回來了。有的地方你需要待上比較久的時間。比如說，如果你是去療癒一個地方。你可以療癒星球。可以療癒被摧毀的東西。你可以幫助重建。當這樣的事發生，我會跟一群人員過去，這樣的工作需要很多能量。我們在**這個**星球就花了很多功夫。我們必須療癒這個星球，地球，這樣地球才能進化和成長。其他小組也來了。

朵：你曾經有過人世嗎？（有。）

我試著把話題轉到跟她現在這副身體有關的方向。

朵：你會待很久嗎？

珊：不會，我不喜歡待很久。我不喜歡是因為我住在能量裡，這個光（能量）非常高。如果你住別的地方，你會失去那個力量，變得跟他們一樣。所以我不喜歡留在別的地方。失去力量，變得很弱，我不習慣。我習慣之前那樣有力量的狀態，當你成為人類，就好像力量不見了。這讓我很困惑。

朵：但有時候你會被吩咐來地球？

珊：對，那當然是有原因的，有目的的。

朵：除此之外，你就是待在那個美麗的地方，然後出任務。

珊：是的，是這樣的。

朵：你知道你現在是透過一個人類的身體在說話嗎？

珊：是的，我知道。（笑）

朵：這是你被吩咐要去地球並且待上一陣子的那個身體嗎？（對，對。）跟我說說這件事。他們給了你這個任務？

珊：嗯，有好幾個原因。第一個，我生在非洲是為了療癒那個地方。我光是在那裡就是在幫忙了，這是因為我的能量，我的部分能量能療癒那個地方，而且也是為了我的家人。家人間有些過去世的問題；我來幫忙。

朵：幫忙他們解決問題？

珊：對，但不是解決他們的問題。只是給他們我的能量，他們就會被療癒。我不知道要怎麼解釋，總之就是這樣。

朵：但是當你進入了這個身體，這些你都忘記了，不是嗎？

珊：是的，這是最不愉悅的經驗。我們來這裡，什麼都忘了，必須從頭來過。不過，力量還是在的，雖然非常微小。你不會把所有力量都帶來，不能那麼做，但你為了療癒的任務帶一些過來。這就是我現在的任務，在這個身體裡。

朵：來幫忙？不過你現在不在非洲了。

珊：對，我來這裡是因為這個地區也很需要幫助。

朵：你現在是住在華盛頓特區。

珊：是的，這就是目的。我必須在這裡，因為他們在做出毀壞世界的各種決定，摧毀地球。

朵：（這很令人吃驚）政府嗎？他們做的決定會傷害這個世界？

珊：對，而我必須送出我的能量來改變那個情況。不只我，還有很多人也這麼做。

朵：但你的人類層面不知道這些事，對吧？

珊：噢，不知道，每個人都只是個載體……就是在那個地方，然後在內在工作。

朵：你怎麼會知道這些決定和發生的事呢？

珊：就像我之前跟你說的，我有資訊。我來的地方儲存了資訊，當我出任務時，他們告訴我資訊。他們把資訊輸給我，我就明確知道該做什麼。我必須傳送能量到政府，到白宮，到國會，到華盛頓特區各處。一直都是這樣，我一直傳送能量和光。

朵：但珊妮並不知道你在做這些事，對吧？

珊：她一點都不知道，她不知道她在做這些。我大多是在傍晚做的。還有很多人在幫忙，因為這個工作必須趕快完成，我們需要很多幫手。

朵：為什麼這個工作必須趕快完成？

珊：要不然會有很多不好的事發生。人們總是在做糟糕的決定，所以我們想要幫忙。

朵：你的意思是讓那些事不要發生？（對。）新總統（歐巴馬）沒有之前那任（布希）糟糕，是吧？

這次的催眠是在二〇〇九年的五月做的，就在選舉之後的幾個月。

珊：是的，新總統是帶來光的人。他是被揀選的人。

朵：前總統製造了很多負面的事，不是嗎？

珊：對，他的作為不是光，他的能量不好，他相信戰爭和無謂摧毀生命。

朵：不過他現在沒有職權可以做這些事了。（對。）你認為現在事情會隨著新的總統而改變嗎？

珊：與其說是新總統會改變什麼，不如說是政府裡每一個人的意識都必須提升。有很多想做壞事的人仍在政府裡任職。總統只是一個人，不過他在那裡非常重要。很多人不知道，但他是光明使者之一。他自己不知道，不過他也很有力量。

朵：所以像珊妮這樣有個肉身的人，能夠影響……傳送能量給那些負面的人？

珊：是的。當你傳送能量，那不是只去改變他們的想法，那是送出飄浮在周遭環境裡的能量；你只要將那個能量改變為更高的能量，人們就會開始有不一樣的思考。

朵：可是這樣不是在干涉他們的自由意志嗎？

珊：這是為什麼我們不能去影響個體，你不能違反別人的自由意志。我們只是送出能量，把能量留在那裡，在他們的自由意志下使用。

朵：你們努力散播能量，讓它能提升人們的意識或什麼的？

珊：對，它已經被創造出來了，不好的能量已經被不好的思想和糟糕的念頭創造出來了。我們努力以新的想法、新的能量來移除，這樣人們就可以開始得到那些資訊。

朵：所以你們有很多人已經在這裡以實體的肉身生活？

珊：對，但不只如此，我們這裡有很多是以靈體的形式工作，全都為了相同的目標。我既是靈魂，現在也住在一個身體裡；還有的是以靈體，以能量的形態過來，他們沒有身體，他們在靈魂和能量的層次工作。在肉體裡工作要困難許多，你的力量被限制了。

朵：而珊妮對這些事一無所知。她不知道是怎麼回事。(笑)

珊：對，她不知道。

朵：這表示她從來沒有過前世？

珊：她有過前世，但大部分的前世是我來這裡工作、出任務，不是為了進化，不是在這裡出生和進化，不是那類前世，跟一般的前世很不同。

朵：我習慣探討的生命經驗是某人回溯人生，發現與他人的關聯。(是。)所以這表示她並沒有累積任何業，是嗎？

珊：沒有，她沒有業。她不必回來，只要回去接另一個任務。

朵：那麼，如果她憶起前世，那些前世也許跟印記類似。你知道印記是什麼嗎？

珊：是，當然。我知道印記是什麼。我們有時也有印記，沒錯。不過她的記憶是來自於任務，不是印記。她的情況不一樣。

有關印記的更多資料，請看《地球守護者》。

朵：好吧，我總是會發現我不知道的新東西。（笑）但她這世在這裡是有原因的，而她並不知道自己在影響政府。

珊：對，（笑）不知道，不知道。但她在華盛頓非常、非常重要，她要在那裡，在那個位置。我們運氣很好，為她在那個地方找到房子。一切都安排妥當，這樣能量才能以某個方式傳送。那個位置可以讓她向四面八方傳送能量，而且能量可以同時抵達。

朵：而她並不知道。這是為什麼你們為她選了那個房子和職業，所以她人才會在那裡？

珊：是的，一切都是安排好的。其實很好玩，我們為她選了房子。我們使她到那裡並買了那個房子，她就像個放射出去的信標。她很喜歡那個房子，對她來說很完美，能量和一切都很完美。

珊妮清單上的問題之一是房子的事，她害怕會失去房子，害怕自己會失去一切。「她不會失去任何東西。」然而，她的事業已經失敗。「事業必須結束，改變的時候到了，她自己也知道。她將會有個任務。在我們的世界，我們稱為任務，但這裡是叫工作？」

朵：對，我們是這麼說的。

珊：她現在的工作沒了，因為我們不要她再做那個工作了。這次的任務，我們要送她去世界各地。她會去不同的地方。她會保住她的房子，她會到世界各地旅行。她會跟人們交談。有時候她以為她是要去跟人談話，其實她是去送能量給那個地方，尤其是那邊的政府，她的能量將會到當時需要的政府所在。比方說，如果俄羅斯必須做出某件事的決定，我們就會帶她去那裡，她將在那裡使用她的能量，不單發送能量給政府，也給民眾。這世上有很多人在受苦，我們感受得到。我們一直感受到人們發出的求救訊號，而她是志願來幫助的一員，所以我們透過她來發送能量，療癒那許許多多的地方。

它們也跟她保證她會有足夠的金錢來做這些事，她會擔憂是因為她急需一大筆錢來還債務，但它們似乎並不擔心。「我們會為她安排。錢會進來的，我們有方法讓她得到這筆錢。錢會及時進來，但我們不能透露細節。」它們能透露的只有這筆錢不會是因為工作，而一切都會在三或四個月後處理妥當。旅行也將在一或兩年後開始。

朵：我必須問個問題。你們也曉得，一直以來我被派到世界各地越來越多的地方，我想我的旅行目的並不一樣。

珊：你的目的並不一樣。你的目的是帶給人們資訊，這是為什麼你在這裡。

朵：我也去很多不同的國家。

珊：你把資訊帶給人們，你把一個地方的資訊傳送到另一個地方。這是你在做的。

朵：所以你們是不同類型的能量？

珊：沒錯，是不同類型的能量。我們的能量儲存在比她來自的星球更高層的地方。那裡儲存了所有的資料，我們可以存取這些資料，然後使用我們的力量跟能量來影響人們。

珊妮在感情方面也有困難，她很難吸引異性並跟他們維持關係。它們說她的能量很強大，這些男士感受得到，這會讓他們離開她。她必須找到在能量上可以匹配的人，不過它們覺得她談感情會妨礙到她的工作，因為這會干擾她所送出的能量。「她可以有伴侶，但絕不能妨礙到她的任務。她做的事非常重要。她自己並不知道。這世上跟她一樣的人非常少，如果她找到喜歡她的人，要不就她，要不就是那個人必須搬到別的地方。他們做不到。」這也是她的體重過重的原因，他們不想她具有吸引力。不過現在她的體重會降下來，因為她要開始旅行了。她的胃灼熱和脹氣，還有她以為的心臟問題只是能量。有時能量太強了，身體承受不了。「醫生們找不到問題，因為原本就沒問題。當她召喚能量使用時，它強大到身體承受不了。我們試著慢慢來，因為能量對她來說太強了，不過她現在會更常使用這個能量了。」我問它是否可以幫她把能量關小一點，讓她身體不要那麼不舒服。「我是可以開大或關小。每當她接通能量，她會有更多能量要接通。能量流過身體，然後她會得到更多能量。今年以來，她做了好多能量工作。能量要去華盛頓特區了，因為政府會有許多變動，另外就如你已聽說過的，經濟也在改變。這是她的工作，她出生前就已經知道。我們向來給的都是她可以承受的。」

朵：她能夠負荷今天的這些資訊嗎？

珊：是的，她可以的。她非常有力量，比你們認為的強大。她對催眠內容會很驚訝，但我確定她也會很興奮。她不知道自己為什麼會有那些感覺，也對自己在做什麼一無所知。她很健康。就在我們說話時，她的身體也在更新得更有活力，你的身體也是。

我在工作中多次聽到潛意識強調要將心智的力量用在專注與創造上，它們是這麼說的，「如果一個人的意念能強大到改變境遇，試想一群人意念的力量會有多大。如果能讓好幾群人專注在一件事上，你們就能改變世界，創造出奇蹟。因為一群人的心智力量的效果不只是相乘，而是能排山倒海的巨大平方數。」它們鼓勵我要在世界各地的演說和課堂上傳播這個訊息。我也被告知要告訴人們：如果他們能在祈禱團體、冥想團體、形上學聚會等等的時候，要求大家花上五分鐘專注在和平與和諧上，我們就能改變世界的走向。

第九章 另一位旅者

彼得是位年輕的黑人律師。他來找我的主要原因之一，是想知道自己是否應該要換個工作。他現在的工作順利，但太單調乏味了。

催眠開始時，彼得是個觀察者，他正看著自然景色；馬兒在原野上奔跑，然後他飄到一個美麗的鄉間。他不想下來地面，他只想繼續飄浮觀看。接著他到了一個場景，他開始敘述細節：一條流過山谷的河川，還有一個營地，上面有人四處走動做事。「就是這個地方，這些人停留在這裡，他們在工作，在等我。我還在飛，但他們知道我到了。我想看看這些人，我想從空中確認他們是否安全。這些人穿越山谷時，我會跟他們會面，保護他們，確定他們平安。」

他的工作是看顧這些人並引領他們。沒人要他這麼做。「我就是知道我要做什麼。我是他們的帶領者，我總是照顧人們。」這挺令人困惑，因為聽起來他也許是某類守護靈，然而當我請他描述自己時，他卻有個物質的身體。「我是人類，男性，但我會飛。我很強壯，我也可以改變形態——我能夠穿越空間。」

朵：你的意思是你能夠變成任何你想要的樣子？（對。）那麼那些人呢？他們可以看見你是人類的樣子嗎？

彼：如果我想讓他們看見的話。

朵：我在想如果你有一個物質的身體，他們看得到你在飛嗎？

彼：當我想讓他們看到，他們就看得到。

朵：要不然你會是隱形的？

彼：是的，我在空間中穿梭的時候是沒有形體的。我知道我去許多地方。我曾來過地球，我有人類的特色，而且會飛。

朵：你說穿越空間。你是指地球上的空間嗎？

彼：不是。穿越空間到不同的行星。我總是在行星間移動。

朵：所以你有能力去任何想去的地方？（對。）那是很棒的能力。但現在你覺得你的工作是看顧這些旅行中的人？（對。）

我請他描述這些人。「他們像是北美印地安人，身上的衣服不多，但能遮蔽身體。他們對土地有很深的感情和連結。他們好幾百個人一起旅行。」

朵：這個照顧人的工作你以前做過嗎？

彼：我的職責一直是照顧人，不論他們人在哪裡。

我濃縮時間，請他看看這些人要去哪裡，他是否有什麼必須去做的事。「你還在空中看著他們嗎？還是怎樣呢？」

彼：對，我在他們的上空飛著。他們在移動。他們要去某個地方，而我要確定他們一路平安。這些人一直在行進，不會在一處停留很久。

這樣敘述下去可能要花上很久，於是我移動他到後面一點的時間，看看有沒有什麼他必須做的事。雖然他的工作是保護這些人，他現在看見自己有一具肉身，手中拿著根長矛，我請他說明這個畫面。「我決定跟他們一起。當我伴隨他們時，我總是有實質的身體。當我不在地球時，我就不是實體的。」

朵：有什麼原因讓你決定成為他們的一員嗎？

彼：這樣他們就能認識我。我能跟他們一起。他們看得見我，他們會知道我是誰。所以我來地球時就會以實體的形式。

如果他們看到的他是個真實的人，他們更會聽他的話。他當時正帶領他們去一個安全的地方。「我跟他們一起旅行，指引他們方向。」

朵：你跟他們說要去哪裡之後，你就不再需要一個實質的身體了？（對。）當你突然不見了，他們不會覺得奇怪嗎？

彼：他們知道我會回來。

朵：你還有照顧別的人嗎？還是只看顧他們？

彼：我還做別的事。我去其他地方。我有很多工作，但都是在幫助人。

朵：你一直都在做這些？

彼：對。我不喜歡有壞事發生。

朵：當你必須待在某個地方時，你曾經有過以肉身生活的經驗嗎？你瞭解我的意思嗎？

彼：瞭解。除了來幫助人，我不記得什麼時候有過物質身體。

朵：那麼當你想要的時候，你就可以變成實體？（對。）這樣你就不是被困在軀體裡了。你可以在任何想要的時候形成身體或是使它消散？（對。）所以你跟這群人在一起一段時間，幫助他們到達安全的地方，然後你再去別處？

彼：對，我現在要去一個星球。我正飛去那裡。它很不同。有光。光的方塊在那個星球……科技。那些方塊就在星球上。

朵：光方塊是一種科技嗎？

彼：對，用來取得能量。它是先進的文明。有人住在光方塊裡面。

朵：這是你曾經住過的星球，還是你仍在探索的星球？

彼：我知道這個星球。我現在要下去了。

朵：當你下去的時候，你有實質的形體嗎？

彼：沒有。我的形體像個能量球。我住在這裡。

朵：星球有人嗎？

彼：不是人。他們不一樣。是光球。

朵：但那是意識，不是嗎？

彼：是的，我們是工作者。我們去其他星球。我正在接收這個能量，我帶著這些能量光塊去另一個星球。我進入這些光方塊裡，從裡面擷取能量，然後我就起飛了。

朵：你現在要去哪裡？

彼：就是旅行。去幫助人。

朵：你曾想過要當個有肉體的生命嗎？

彼：有，當我來到地球的時候。

我在試著把催眠的話題轉向彼得，那個躺在床上的人。

朵：你曾經想過要停留在一個身體裡嗎？

彼：沒有，我只是來看看。

朵：你曾經想過留在一個身體裡，這樣就不用來來去去了？

彼：我喜歡來來去去。

朵：你從沒有意願要留在身體裡？

彼：沒有，我只是來這裡看看而已。

朵：這樣你就有完全的自由了，是嗎？

彼：是的，可是我在做我的工作。

朵：有任何人跟你說接下來你該做什麼工作嗎？

彼：我自然就會知道。

朵：好，讓我們看看接下來你去了哪裡。你是會留在那個星球還是飄浮到別的地方？哪一個感覺對你是正確的？

彼：我現在在地球上，正看著一棟建築物。很暗。

朵：你有別的工作要做嗎？

彼：我不知道。我正看著這棟建築。這一次它感覺不一樣了。我被拉回地球，當我現在回到地球，我是倒著回來的，就好像後面有股吸力把我吸回地球，接著我就在看著這棟建築。我是被強行拉回來的。

他突然發現自己在一個身體裡，但不是平常他創造的那種。他現在有了身體，是因為他轉世了嗎？

彼：事實上我以人類的身分可以幫助人，但我必須學習更多。我必須讓他們相信我能夠幫上他們。我能夠療癒他們。我能夠幫助他們的生活。

朵：你認為你有個身體能比你以另一種旅者的存在形式更能療癒他們？（對。）你為什麼會決定要有個身體？你之前那樣也做了很多工作，不是嗎？

彼：是的，但他們這裡需要我的幫忙。我是被派來幫忙的。

朵：所以有人要你進入一個身體，成為實體？

彼：沒錯。我原來以為我是往後退，然後發現我是出發來做我該做的事。

朵：那麼你選擇進入彼得的身體？（對。）你是從嬰兒的時候就進入身體的嗎？

彼：對，但發生了某件事。我不記得是什麼了，但我是個嬰兒。

朵：可是你確實是在身體還是小嬰兒時進入的？

彼：九歲。

朵：你留在身體裡隨著它成長？

彼：在九歲大的時候。

這聽來可能很奇怪，但我之前已經遇過幾次這樣的案例。當這類能量最初試圖進入肉身時，由於能量太過強大，而且性質完全不同，它會與身體發生衝突，這會導致妊娠中止或流產，因為胎兒無法應付這麼強大的能量。在這些案例當中，只有小部分的靈魂能量被允許在胎兒發展期和嬰兒期的時候進入身體。隨著孩子的成長，再讓多一點的靈魂能量進入。不知何故，大多數的靈魂能量被允許進入身體是在八或九歲時。我聽過許多個案說他們在那個年紀之前（靈魂）好像都沒有真的在身體裡，他們通常對八、九歲之前的事沒有記憶。

朵：你喜歡在這個身體裡嗎？

彼：喜歡，但我想要改善它。我想使它完美。我想要瞭解。我想要知識。

朵：可是彼得有法律的知識，不是嗎？

彼：那不夠。這個知識更宏大。比法律還重要。

朵：這是他想知道的其中一件事。他除了現在的工作以外，還應該要做其他的事嗎？

彼：我應該要向人們解釋事情……讓他們知道。這是有原因的。我想要每個人都被療癒。

朵：聽起來這是你第一次有實體生命，是嗎？（對。）感覺會有點奇怪，是吧？

彼：我想要接通潛意識，我知道它有所有的知識。我想要知道。

朵：好，那麼如果可以的話，我要呼請潛意識來回答問題，可以嗎？（好。）跟你說話很開心，很謝謝你給了我們這麼多資訊。

接著我請潛意識前來，希望能得到更清楚的說明。它說它沒有帶彼得去前世，因為對彼得來說，知道剛剛看到的部分更重要。潛意識同意這是彼得第一次當人，第一次在人類的身體裡。他之前一直都是觀察者和幫手。

朵：他被告知在肉身裡會比較理想？

彼：對。他在地球上有工作要做，轉變……幫助轉變。

它們解釋這跟舊地球轉變到新地球有關。他是許多第一次前來地球的人之一。那些已經在地球很久的人無法協助地球轉變，他們仍被困在業力之輪，因此需要新的純淨靈魂來這裡協助。這在我的書《三波志願者與新地球》裡有更多詳細的解釋。彼得就是這些新靈魂之一，雖然他在法律工作上做得很好，它們要他做得更多。「教導人們如何療癒自己。教導人們關於心智的事。他知道要做什麼。」

朵：你們想要他去上些課程嗎？

彼：對。他知道要做什麼，但他必須去上些課讓他們知道他知道怎麼做。他也跟能量工作。

他的雙手有這樣的能力。

朵：他只是必須去喚醒這個能力？

彼：對，他把手放在脊椎就能療癒。能量都在脊椎底部。脊椎底部有個火球。

我知道昆達里尼位於脊椎底部，它是一股強大的力量，但使用時必須小心。它們堅持彼得知道要做什麼。他並不是要去碰觸人，而是在他們的能量場裡工作。它們說在彼得背部尾椎的地方有些小阻塞，使得他無法啟動他該使用的能量。他必須觀想這個阻塞被消除，能量才能往上移動。他也應該去上課，學習如何使用這個力量。「那些女子會教導他，很快就會發生。」這個能量先前沒被允許開啟，因為對他來說力量太強，不過現在是時候了，他會能夠負荷。「他不能浪費這個能量，他必須一直正確使用。他不能因為自己的私心來使用能量。」

朵：對方必須想要他的幫忙嗎？

彼：他必須說服他們相信他們自己的力量。

朵：在他幫助別人之前，他必須得到對方的允許嗎？

彼：每一次都要。

朵：這樣他就不會浪費這個能量了，是嗎？

彼：對。沒錯。

他要繼續當個律師，因為這個工作會使他接觸到該認識的人。「但你們說他是來幫忙地球轉變這件事？」

彼：對，是這樣的。他必須遵循自己的道路。他到現在才準備好。他必須輕拍他的第三眼。

朵：我們不想他在工作上有任何問題。你們會要他小心吧？

彼：永遠要小心，但他必須繼續探索、尋找和學習。當他療癒人的時候，他們就會知道（他的能力）。他將會在這個轉變時期幫上很多人。

朵：所以他有兩件事要做：律師本業和療癒工作。

彼得顯然是第二波志願者之一（出生於一九五八年），因為他似乎是個觀察者，非常長久以來的時間都是，所以對他來說，有什麼比這一世繼續當個觀察者更自然的呢？

第十章　色彩與聲音

艾芮卡的工作與肌動學（Kinesiology）有關，因此也涉及能量工作。（肌動學研究身體運動的機制。換句話說，身體如何運作及能量如何影響身體。）因此使用能量對她來說並不陌生，不過她仍然覺得自己需要建議。

艾芮卡進入了一個很暗的場景，但她知道那不是晚上。天色昏暗的原因是空氣中布滿了火山灰。「到處一片漆黑，地面好像被烤過一樣，都龜裂了。」空氣灼熱，而且聞起來有煙灰味。當她能感知到自己的身體時，艾芮卡發現自己的雙腳因為走過灰燼和焦土而烏黑黑的。她是個身穿破衣的年輕男子，瘦得像皮包骨，像是餓上了好一陣子。他知道在這場災難發生前，他就已經住在這個地方。「以前這裡有我們牧羊的田野。我有個小屋子，是間草皮屋。沒有很大，但是是我自己的屋子——它燒掉了，沒了。我不知道它怎麼會燒起來，那是草皮搭起來的，但就是燒了。」他一個人獨居，沒有家人，不過他不覺得孤單，因為他有一群羊和一隻狗。「這個地方在高山上。下面有個山谷，其他人都住在那裡。」

朵：屋子燒掉時你人在哪裡？

艾：在溪裡。當地開始搖的時候，我在我的屋子裡。羊開始亂跑，一陣騷動，狗就想把羊都聚在一起。

朵：牠們好像知道有事發生？

艾：對。然後地開始震動，我跑出去，看見地面搖晃，我的羊四處亂竄，狗一直想讓羊群冷靜，要把牠們聚集，但牠們跑掉了，狗跟在後面追。那時山頭上有道煙柱，接下來就到處都是熔岩和噴發出來的灰渣碎屑。我被燒傷了，所以跑去溪邊。

朵：這樣的事以前發生過嗎？

艾：沒有，我住在這裡時沒遇過。其他人說過，我是說，在傳述的故事裡有提到。——我蹲在溪裡，所有的東西都在燃燒。我在那裡好久。接下來我就不知道了，我一定有昏過去一陣子。我醒來後，整個世界都是黑漆漆，屋子沒了，燒個精光。什麼都燒焦了，我好餓。

朵：你現在打算怎麼做？

艾：我必須去找我的羊和狗。

朵：還得找東西吃，是吧？

艾：我要先找到我的狗。我想我必須下山到村子裡，我猜羊不可能往上跑，牠們一定是往下衝了。牠們應該會往東北方去，然後往上一點再下來，那邊下面有一個大湖。

朵：牠們這樣做很聰明，不是嗎？

艾：是的，而且羊平常不怎麼聰明。（笑）

我濃縮時間，看看接下來怎麼了。

艾：狗在下面的湖邊。牠看到我好開心，牠救到了大約三分之一的羊群。

朵：你會在湖邊停留嗎？

艾：我想我們必須離開，太多火山飄出來的煙和灰了。

朵：那你要去村子嗎？

艾：那裡也都是灰。

朵：喔？村子也毀了？

艾：沒有全毀，但也不可能住在那裡了。

朵：你會試著找到村裡的人嗎？

艾：我不喜歡他們。

朵：嗯……你為什麼不喜歡他們？

艾：因為他們不喜歡我。我不一樣……就是跟他們不一樣。我跟他們不像，因為我講話怪怪的。我覺得我有兔唇還是什麼的，看起來滑稽，說起話也滑稽。太醜了。

朵：從小到大，你有家人一起生活嗎？

艾：我覺得我的家人也不想要我，或是有什麼禁忌是針對像我這樣的人，某些「説法」使得我這樣的人不能跟其他人住在一起。

朵：像是被遺棄的人。

艾：對。我看到一個婦人。她不是我媽媽，但她會確定我過得下去。

朵：於是你就決定搬去山上一個人放羊生活？

艾：我想，就是因為她，我才可能住在山上放羊。我好開心。

現在他別無選擇，只能離開這塊土地，尋找另一個地方居住。雖然他不知道前方有些什麼，他還是帶著羊群和狗開始跋涉。我再次濃縮時間，看看接下來他到了哪裡。

艾：我們走了好久，終於到了另一個山谷，這裡好美。中間有一條河流過，還有個村子。好奇怪，這個村子裡的人沒有那個禁忌(他的語氣聽來很開心)。他們聽了我的故事，願意讓我把羊帶來，讓牠們養傷。事實上，這真的很有趣，這個村子裡也有一個像我一樣的人，這個人很會醫治羊的傷口。牠們身上好多灼傷。我們互相交換養羊的事情和知識，然後他們邀我住下來。

看來他似乎已經找到了理想的環境。我請他前進到一個重要的日子，但他覺得很困惑。「我是另一個人了嗎？」他看見自己在一個花崗岩山邊，跟他之前看過的山不一樣。剛開始，他以為自己穿得白白的，然後他發現他其實是個光體。他正跟一位他稱為「靈」的存在體說話，這個存在體正在指導他。

朵：什麼樣的指導？

艾：關於光的。我得到如何使用光的指導。

朵：是物理性的光還是哪種？

艾：一定是人眼看不到的光譜。像射線。但我看得到。有不同的顏色。

朵：你應該用這些光做什麼呢？

艾：體現（embody）它們，每個射線都有個本質。

朵：每個顏色……不同顏色的射線都有嗎？

艾：如果你體現它，它能改變你周遭的事物。

朵：你說「體現」是什麼意思？它必須進入一個身體裡嗎？

艾：不，不是身體。

朵：我在努力瞭解，你說要「體現」它們。

艾：不管我是什麼，我成為那個光／射線。

朵：你的意思是你成為一個獨特的顏色？

艾：或不同顏色的組合。

朵：這可以維持一定的時間？

艾：可以有不同的功用。這就像我體現了一種光（譯注：指具有那種光的要素或本質），走進人世種種的情況，然後事物有意識地改變了。有意識的體現。

朵：你是說當你進入一個身體，你就像一道光嗎？（不是。）你剛剛說走進。（是的。）我以為你的意思是當你有了一個實體的肉身。

艾：不是。只是走在人群中。他們不必然知道我在那裡。

朵：他們不必看得到你？

艾：不必。有的人可以感應到我。

朵：如果他們看得到你，他們看到的是光？（對。）所以你具有了光芒的本質／精髓，顏色，然後你來到地球，走在人群中。當你在人群裡時，你是如何影響他們？

艾：他們會改變或抗拒。他們如果不是（原本情況）被加劇，就是他們會突然改變。

朵：往好的方向改變？

艾：向來都是如此。

朵：當你這麼做的時候，你會有另一種顏色嗎？

艾：在短時間裡會有很多不同的顏色。你可以根據情況來回切換。根據人們的地方和環境。看需要什麼，你就體現／變成不同的顏色。

朵：這會非常重要。只要你出現，走在人群中，你就能對他們有很大的影響，是嗎？（對。）而且他們甚至不知道你在做什麼，是不是？

艾：他們知不知道不要緊。

朵：有人告訴你這是你該做的事嗎？

艾：這就是我得到的指示。我在山上被教導的事。

朵：教導你是光體嗎？

艾：不是。我一直知道我是光體。

朵：你收到指示要去散播光、顏色和幫助人？

艾：我一直在做這些事，但山上那次是一堂特別的課。

朵：你有過肉身嗎？（沒有。）你一直都是這種光體？（不是。）你的意思是什麼？

艾：我曾經是別處來的光，但不是在地球。

朵：別的星球嗎？

艾：別的地方。別的層面。

朵：別的次元嗎？

艾：我想你也可以這麼說。

朵：那你在其他層面做什麼呢？

艾：學習。學習光的事。
朵：你學習的地方是怎樣的一個地方？
艾：那裡全是光，各式各樣的光。
朵：那邊的存在體也跟你一樣嗎？
艾：是的，它們也在學習光的事。
朵：光非常重要，不是嗎？（是的。）你覺得你學到了有關光的一切嗎？
艾：沒有，所以我才要下來，在人間行走。看到光能做到的事，真不可思議。
朵：光能做什麼呢？
艾：如果有個人心胸開放，它能讓那個人心胸更開闊。而如果人們的心是封閉的，那就像是被某件糟糕的事打擊一樣。因為那個人會更躁動不安。
朵：他們不明白發生了什麼事。
艾：對，他們會繼續表現得比原先更誇張，他們會試著猛烈反擊。
朵：他們認為自己受到攻擊，但其實沒有。這是你的意思嗎？
艾：他們沒有被攻擊。那是來自他們內在。我的工作是讓他們體驗光，但他們的心是否打開就決定於他們。光有很多不同顏色，而且用途不同，我仍在學習。
朵：聽起來這樣的教導是件很棒的事。你的出現就能幫助許多人。
艾：對。那真的是任何人都能做到的。

朵：他們不知道你在場。他們確實有自由意志，不是嗎？

艾：他們有自由意志，這是絕對的！

朵：所以你無法強迫任何人做任何事。

艾：不行，不行，不行。他們有自由意志，就看他們的心有沒有打開。

他很喜歡自己的工作，也喜歡以這樣的方式幫助人。他並不想進入肉身。他認為他以光體的狀態會做得較好。

朵：你必須回去你那個層面學習更多東西嗎？

艾：我隨時可以回去。我能在兩邊來來去去，不過我在地球也能得到更多資訊。我到我的山上，但我在哪裡都可以。美麗的地方都行。我可以敞開心，然後詢問。

朵：能量好的美麗地方。不過那些指導都跟光有關嗎？

艾：也有其他的。像是聲音這個較新的部分我就不大知道。

朵：我聽說顏色和聲音非常、非常重要。（是的。）關於聲音，他們教你什麼呢？

艾：光和聲音是同一件事。

朵：這是什麼意思？我都把它們看成不同的事。

艾：它們是一樣的。每個聲音都有它的振動，每個聲音都有個顏色。每個顏色都有個振動。

每個顏色也都有個聲音。

朵：人們不認為顏色有聲音。

艾：我知道他們不這麼想，但它們確實有。

朵：我們一直把它們分開。(笑)

艾：那是因為在地球我們喜歡分隔，喜歡區分。

朵：對啊，我們喜歡劃分。你會使用聲音做什麼呢？

艾：這就是我不知道的，我還沒有完全瞭解。這是訓練的一部分。我想在其他層面也可以學到這些。知道如何把光和聲音當一體來使用。

朵：我可以明白你在人群裡怎麼使用光能量。那你怎麼使用聲音呢？

艾：你聽不到聲音，你也看不到那個光。但人們接收這個聲音的方式跟接收那個光的方式是一樣的。

朵：他們不知不覺地接收？

艾：對，但前提是他們的心是開放的。有些人需要較多——我不知道要怎麼說明，但有些人比其他人需要更多的聲音。因人而異。

朵：這也取決於那個人的進化程度嗎？

艾：是的。不論是知道還是能感受到，人們是整個接收(指聲音和顏色一起)。不過心靈封閉的人需要更多的聲音。

朵：要幫他們打開心，是要多點聲音而不是多點光？你認為這樣會更有力道？

艾：不是，而是那就是他們需要的。我想這樣他們會更能感受到。

朵：所以你沒有打算要進入人類身體當人？

艾：沒有。進入身體太受限了。我幹嘛要自討苦吃？（笑）

朵：你知道你現在是透過一個身體在跟我說話嗎？

艾：噢，是的，我知道。我不喜歡這樣。我不必非得有身體的感知才能給你資料。

我解釋這樣問是因為艾芮卡在催眠後可以透過錄音帶聽到並瞭解催眠內容。「你跟這個身體主人的關係是什麼？」

艾：我們是老朋友。她很難纏，非常抗拒，人不壞，只是很抗拒和頑固。（笑）

朵：我們說給她聽吧！她想要訊息，不是嗎？

艾：是啊，她需要訊息，但她又不要。她喜歡靠自己想清楚一切。

朵：不過這樣很辛苦，不是嗎？而且又感覺孤單？

艾：她就是那樣，所以我喜歡她。

朵：給她看的那一世，她也是獨自一人，是嗎？

艾：對，她喜歡。她認為她需要靠自己來弄懂事情。她喜歡這樣。她以為她自己可以應付和想通一切。她錯了，所以我才在她身邊。

朵：當你進入了身體，你就會什麼都不記得了，是不是？

艾：噢，都忘了。這是為什麼我不想當人，門都沒有！所以我試著透露給她一點點光、一點點聲音。

朵：有沒有什麼你特別想讓她知道的事？現在是你跟她說的機會。

艾：我要她記得她是光與聲音。她是很正面的能量。那就是她。她也跟能量一起工作。

朵：你為什麼要她知道那個年輕牧羊人的事？為什麼知道那個人世很重要？

艾：因為那個屋子（指燒掉的那個泥草屋）。

在這一世，艾芮卡已經搬家超過三十次了，她無法在穩定的環境裡安頓下來。

艾：她需要知道無論她在哪裡，那裡就是她的屋子。

朵：你的意思是她帶著它走？

艾：不是，沒有所謂的「帶著它走」，它就是。

朵：你是指人類身體嗎？

艾：不是。換句話說，不論我們在哪裡，那裡就是我們的房子。它不是一個地方，沒有範圍，不是那些牆，不是個肉身，而是我們不論在哪兒……那兒就是家。有點像是桃樂絲。

朵：綠野仙蹤的桃樂絲？（對。）即使她在別處尋找時，它一直都在那裡。艾芮卡說她想要有間房子，你認為有可能嗎？

艾：她是可以有房子的，她會的，但要知道**她的**房子不是那個房子。她要找的不是房子。換句話說，她能有間房子，快樂地住在裡面，但她真正的房子是地球和宇宙，眾多宇宙裡的這個大泡泡。她「限制」了房子，把房子看得太「小」了，所以她才找不到。

朵：她給自己製造了很多問題，是這樣嗎？

艾：那只是抗拒，她在抗拒光和聲音，把它們阻絕在外，因為她想要靠自己，想要自己想通全部的事。她害怕。她有點忘記我了，忘了另一個層面，她因為害怕而不想打開她的心。她無法以她以前在另一個層面那樣的方式回應狀況，無法像以前那樣跟能量玩耍。她不知道該怎麼使用光，不知道要如何使用聲音，不知道要怎樣使用能量創造。她不知道該怎麼做，她忘了，她困惑了。她也討厭要用個肉身走動。她知道她給自己製造了很多問題，她知道，但她不記得要如何走出來。我跟她在一起好久了，事實上，好幾世了。我們的淵源很久了。

朵：你像是指導靈或守護天使嗎？這是我們這裡用的詞彙。

艾：我是她朋友。她非常頑固，這是她來這裡學習的事。她一直在做白費力氣的事情，因為她不肯放鬆，不承認這個事實——只要她發問，我們就可以幫助她。這樣的話，她事實上可以做的更多，成為更多，活出更多，經歷更多和學到更多。所以她的速度非常慢，就好像每吸一口氣就回到山頂洞人的時代，然後緩慢向前發展。

朵：她把事情弄得太困難了。（對。）她有很多才能，她有能力做任何想要做的事情。（是的。）

我開始問她清單上的一些問題：「她半夜睡到一半會尖叫醒來，那是怎麼回事？是什麼原因？」

艾：我不知道這要怎麼說，她從以前就帶著……像是抗拒的細胞。也許你們可以說它們被編碼在她的DNA，她的能量場有那些會讓她辛苦的能量。它們像是鏡子，因此當生命和源頭能量進來時就被反射回去，並沒有成為她的一部分。她在反射，就好像這些DNA質子是非常非常小的反光鏡，它們把源頭能量反射回去，不讓它成為她系統的一部分。

朵：這是來自其他人世嗎？

艾：對，她把它們加進了她的DNA。

朵：可是這對她現在的人生不適用了吧，不是嗎？

艾：不適用。它們現在仍在活躍，但不必要如此。她要做的只是開啓這些編碼。換句話說，她可以啓動所有的編碼，她就能全然地去活，而就她的健康來說，她會有完整的身體免疫力。病菌、細菌和病毒這類東西便不需有一席之地。我不認為她知道自己先前在做什麼。我想她是以宇宙的規模在緊繃、在抗拒，她說她想要靠自己，因此導致了這個「開關」的產生。她可以開啓編碼。她可以跟自己的DNA說話，要它把編碼打開。

朵：你能幫她做嗎？

艾：我不能，但光和聲音可以。

催眠進行的時候，外面一直雷雨不斷，但沒有干擾到我們的談話。事實上，潛意識說它喜歡暴風雨。「她需要暴風雨。」

朵：好的，那就這樣。這場暴風雨有足夠的能量。

艾：她可以允許雨的**聲音**隨著閃電進入她的身體系統，並允許聲音往下洗滌，隨著它洗滌而下，光也進入了，那是藍……藍……白光。

朵：這樣會按下開關？（對。）你現在在這樣做嗎？

艾：我沒有。她必須自己做。

朵：那麼，請給她開啓開關的指示。

艾：你現在允許閃電，那個藍白**光**像液體般地倒入你的身體系統。它會進入身體裡的每個細胞，從你的頭到腳，藍白光和這個液體的聲音正在活化每一股DNA。你沒有一處地方需要反抗（它將這股能量在她身體從頭到腳跑了一遍）。我現在只是幫她把它錨定下來，她必須為自己做。抗拒正在離開，它被清洗出去了。她不需要抗拒。

它們給了她一個練習，讓她睡得安穩：「她需要金光入眠。當她躺在床上準備睡覺的時候，觀想一個金色的子宮，一顆金蛋。看見自己在裡面，被子宮或蛋包覆著，她會覺得被保護，她可以決定自己每晚需要多少睡眠。有些晚上她需要多點睡眠，有時不用。她會覺得這麼做很好玩，這讓她在掌控……她喜歡這樣。她要對自己說醒來時會覺得神清氣爽、放鬆、精力充沛、充滿熱情。在人生的新階段，她有豐沛的能量前進。」

臨別贈言：每天花時間跟自己的心在一起。只要把手放在胸口，她就能和我連結。

★ ★ ★

在另一位個案的催眠，潛意識給了我別的療癒方法。個案可以在自己家裡的私人空間進行。

潛意識傳送了一股輕柔、流動的熱能，一路往下到脊椎，進入肩膀，往下至雙臂和手指，然後再往下進入雙腿和膝蓋。「它是充滿愛及溫和的熱能，它是療癒的熱能。她需要觀想那個熱能不停地進入身體，這樣的觀想一天做兩次。熱能從頂輪進入，流經她的身體。

它不僅是熱而已，它也是能夠療癒的、流動的，幾乎像熔岩般的熱流，從頭流到腳。她必須一天做兩次這個觀想，早晚各一次。早上起床時和晚上睡覺時。觀想那熱能像流動的熔岩——珊瑚色和綠色，上面有白色小點——從頭部流到腳底。」

第十一章 保護知識

安竹來找我尋求指引，想知道自己是否在正確的道路上。他覺得他的人生很苦，充滿不安，好像他並不屬於這裡，這使得他無法好好享受人生。安竹是療癒者，療癒人和動物，還有地球網格。他除了是藝術家之外，也教授融合了形上學的科學課程。

催眠後，安竹進入的場景令他困惑，因為他的腿和腳上都有鍊子，他後來發現那是鎖子甲或某類盔甲的鍊條。他不斷地說自己好痛苦。他是個三十多歲的年輕男子，站在漆黑的戶外。我問他為什麼痛苦。「因為我被背叛。我盡我所能去做卻被背叛。我們在做我們該做的事，但他們不想我們那麼做，所以我們將被拷問，然後處死。」

朵：你們原本該做什麼？

安：保護……保護知識。我知道他們會來抓我。我在等他們來抓我。

朵：他們怎麼背叛你們？

安：他們知道我們在哪裡，所以去告密。

朵：是你認識的人說的嗎？

安：對。他們害怕。如果他們不說，也會被拷問和處死，因此他們也沒有任何選擇。

朵：你在哪裡等？

安：某個地方……有一個地方……像是城堡還是什麼的。

朵：如果你想的話，你能夠逃走嗎？

安：他們反正會找到我。我是其中一位非常高階的隊長。我是他們在找的主要的人之一。

朵：你說你在保護知識？

安：對，可是他們很嫉妒，他們不要我們有這個能力。

朵：你們保護哪類的知識？你可以跟我說，我不會告訴別人。

安：古老的知識。自古以來的知識。它也能保護人們，他們知道這點。事實上，那些人會很安全，所以知識能夠傳承下去，等對的時機再出現。

朵：所以它不會消失？

安：不會，它不會消失。我們會代那些人犧牲，他們會受到保護。

朵：這些知識跟什麼有關？

安：對每個人的福佑……力量很強大，但我只是守護的人，守護那些需要保護的人。

朵：你自己有使用這些知識嗎？

安：沒有。我只知道它很重要，而我的職責是捍衛和保護。隱藏他們的行蹤並支持他們。

我是會被抓走的人，我很害怕。我怕他們也會被處死。我很害怕我會被折磨，我知道那些人會怎麼對待我。

朵：傷害你有什麼好處？你並不知道那些知識。

安：但他們不知道這點，所以我們會跟他們說我們知道，這樣就能保護其他人。我們要混淆他們，保護其他人。

朵：保護那些知道怎麼使用知識的人？（對。）這個知識是寫在書上嗎？

安：是的……紀錄和地點。保護那些書和知道如何使用它們的人。那不是全部的紀錄。

朵：這個知識應該要傳承給對的人？

安：是的，而我是那些人的保護者。

朵：你知道知識收藏在哪裡嗎？

安：知道。不過是用一種我不知道的方式收藏起來的，但我知道我需要做某些事來保護知識。所以就算他們拷問我，我也說不出什麼，我所說的反而會混淆他們。我會跟他們說，不過說的不會是事實。

朵：有人抓走你了嗎？

安：是的，他們抓走我了，而且要開始拷問。

朵：你現在在的這個地方……那個城堡，是你們住的地方嗎？

安：那是我們聚會的地方。

朵：知識就是在這裡嗎？

安：不是，知識不在這裡。他們以為在這裡。不是的。

朵：你是他們唯一要抓的人嗎？

安：不是，有很多、很多。有些人甚至不知道自己會被抓走或要被怎麼處置。有的人在這兒，還有人在別的地方。我現在是自己一個人。

朵：這是你長期以來一直在做的事嗎？

安：是的。我相信這些知識，而且必須要有人保護，所以我在這裡保護它。我是第一線的保護者。

朵：你說就算你和其他人犧牲了，還是會有人接棒繼續你們的工作？

安：對，對。

朵：它永遠不可能完全被摧毀，是吧？

安：是的。我好害怕……好怕。

朵：這些古老知識跟特定的主題有關嗎？你知道嗎？

安：是的，它是古老……非常古老……非常強大的知識。它談到很多事。療癒的事。傳承給人類的許多事。我們在保護它。他們認為那是巫術，但它不是。我們知道一點點……足夠讓他們認為是巫術，所以我們會被當作使用巫術的人被抓走，他們會折磨我們。

朵：如果他們認為那是巫術，為什麼會想要知道？

安：因為他們想據為己有。他們想要權力／力量。他們很無知，不過他們想要力量。

朵：這些人是屬於什麼組織嗎？

安：他們是政府。教會就是政府。他們害怕知識會取走他們的權力，他們不要任何人有權力，他們要全權掌控。……他們知道我們在哪裡，知道要去哪裡找到我們。我只能守護、捍衛和保護這些知識。

朵：你已經把知識藏在城堡的某處嗎？

安：不是，不是。我們設法讓他們相信是這樣，讓他們分心，直到一切都安全了。他們會去那裡找，可是知識不在那裡。他們會折磨我們，但不會有什麼收穫，因為我們並不知道。我們只知道一點點……對我們來說足夠了。我們知道這件事會發生。但是現在我很害怕。我覺得丟臉，我對自己感到害怕覺得丟臉。

朵：如果沒有人有全部的知識，這些人又只能獲得一點點，那麼它是能留存下來的。

安：是的，它會留存……就如一切都會存續。——我很害怕，我知道不管怎樣我都得經歷這場磨難，但我不想。我怕那些拷問……很怕……我害怕他們會折磨我的身體（他的語氣聽起來非常恐懼）。他們會羞辱我，因為我是隊長。他們真的會整我。

朵：在他們來之前，你有沒有方法可以逃走？

安：不行，我不會逃走。我必須經歷。這是我的任務。我的任務不包括逃跑。我的職責就是要留在這兒。他們必須把我帶走。

我想是來到故事後半段，找出發生了什麼事的時候了。我濃縮時間到他們來了之後。「你可以控制你所看到的東西。」我下暗示如果他想要的話，他可以以觀察者的角度去看事件的發展。

安：(他的聲音發抖，很難聽懂)我不想去那裡。……他們來了，把我們全都抓到他們的城堡……到處是成百上千的士兵。他們抓了我們，拷打我們……我現在什麼都看不到了。看到這些，我很難受。

朵：你有跟他們說任何事嗎？

安：我沒有什麼可以說的，他們逼我說……說他們想聽的。其他被抓的人告訴他們想聽的一切。他們折磨我們很開心，因為這讓他們感受到權力。他們看見我們的心靈和精神因折磨而耗弱。

朵：最後怎麼了？

安：把我們折磨完就殺了我們。我好羞愧，他們這樣對待我們，把我們羞辱到極點(語氣悲傷)。我好羞愧……好羞愧。

朵：你沒有什麼要感到羞愧的。你做了光榮的事，他們才是做出不光采的事的人。

安：我不後悔……他們把我所愛的一切都摧殘殆盡了。這麼多的恨……這麼巨大的恨……但他們找不到那些知識——他們把我們燒死了。

接著我移動安竹到他離開身體的場景，他可以從一個不同的角度來觀看。「你看得見那些屍體嗎？」

安：可以……成了焦炭了……他們放火把屍體燒了，然後全丟進洞裡……什麼都不剩。

朵：每一世都有它的目的。你覺得那次的人生目的是什麼？

安：被試煉勇氣是我的職責。我做了我需做的事，可是我因為他們對我和我的身體所做的事而感到羞愧。我不知道我為什麼覺得這麼羞愧。

朵：每一世都有一個要學的功課。你認為有什麼是你要從那樣的生與死學習的嗎？

安：我對自己是誰太驕傲了……對我的職責過於驕傲，覺得自己比別人優越。這樣的職責對我這一生非常重要。也許我對我的男子氣概太過自豪，而且……(停頓)也許是考驗我對那個知識的忠誠。

朵：也許它是個考驗。

安：也許就是那樣……是那樣。也許也是我對我的身體太投入了，因為當我被折磨拷問，當他們對我的身體做出那些事，我被影響得很深。我太執著於我的身體了。

朵：但人類不就是會那樣嗎？我們住在身體裡，對身體產生執著。

安：是的，的確如此。

我決定移動他到另一個時間、另一個地點，尋找另一世，而不是呼請潛意識過來，這樣我們就可以帶他離開目擊的這些恐怖事情。這次他看見自己是個正從鏡中看著自己的女子。她非常美麗，黑髮、碧眼，二十多歲。她在一棟美麗的建築物裡，但這裡的特別之處在於到處都是美麗的水晶，有各種大小和顏色。小的可以握在掌心裡，大的直徑則有十英吋，厚度有四或五英吋。「我就只是把手放在它們的頂端（大的水晶），就能控制它們的能量。我可以操控水晶能量，用它來做療癒。我可以啟動療癒室。這些水晶給出能量和顏色，產生一個能量場，人們可以在裡面休息並得到療癒。我有這個能力。」

朵：我知道你把能力運用在很多不同的方面，你將療癒力量用在正途嗎？

安：是的，我將療癒的天賦運用在正途。我知道我的能力，所以我引以為傲。

朵：還有其他人也知道怎麼使用這個療癒能力嗎？

安：是的，其他人也知道，不過我真的是知道最多的人。我的身體和那個能量共振，我是它們的一部分，跟能量協同合作。

朵：所以人們來療癒室，你跟他們一起工作？（是的。）一次會來很多人嗎？

安：一次來一個人，就好像看醫生一樣。我需要這樣，一次一個人。這是我的職責……工作的一部分。我們有那個技術。我從小就接受訓練，被有這個能力的人教導。他們知道誰能做，該選誰來訓練。

朵：所以那不是每個人都能做的。

安：對。這裡的人進化程度很高，我們知道有誰可以做這個工作。我們引導他們成為自己。他們已經知道自己的能力。他們可以完全地自我發展，做自己喜歡的工作，他們有自由意志去做想做的事。每個人生來都有自己特定的技能，我們能夠發揮天賦。

朵：所以你那時被教導、被訓練使用水晶？

安：我只是憶起我的能力。

朵：你剛剛說你對自己的能力感到非常驕傲？(是的。)你也以能夠助人為傲嗎？

安：對，但你知道的，我長得非常美。有時因為我想要關注，要人跟我作伴……那不大好。

朵：你結婚了嗎？有自己的家庭了嗎？

安：沒有。我可以想跟誰在一起就在一起。

我請她看出窗外，描述她能看到的景象。「外面都是漂亮的建築物，它們有著圓頂和石柱，真是美麗的城市。城市的風貌大部分是由水晶、石頭跟花園組成。」接著我將她移動到一個重要的日子並問她發生了什麼事。

安：我被批判。他們說我沒有做對。我利用我的一些能力吸引男人來跟我在一起，我不該那麼做。

朵：為什麼你要他們跟你在一起呢？

安：就為了開心。我不應該那樣做的。

朵：為什麼那樣運用能力是不對的？

安：因為你能影響他們的意願。你違反他們的自由意志。這樣不完善。我從未做出傷害人的任何事，不過我知道我有這個力量吸引男人，而我不應該那麼做的。我操控了他們的意志來跟我在一起。——他們發現了，要求我不能再做我的工作。

朵：因為你錯誤使用你的能力？（對。）不過你也有把它運用在正面用途。

安：我知道，但他們認為我這樣是負面使用這個能力，他們不要我再運用這個能力。我必須離開這個地方。我想留下來，但我不能再做那樣的事了。我將會是個普通人，我必須離開這個建築，待在城市裡。他們可以阻斷我的能量。

朵：我好奇你能不能不靠水晶來使用這個能力？

安：我能，但他們阻擋我，他們能夠阻止我的能量流動。

朵：他們有辦法做到？（對。）他們有機器嗎？

安：沒有，他們就只要聚在一起。他們是力量強大的存在，有駕馭能量的能力。他們是為了保護別人，出於善意而這麼做的。

朵：所以他們封鎖了你的能量，你只能像平常人一樣生活？（對。）那你怎麼想呢？

安：我覺得他們是對的。我甚至知道自己不該那麼做。也許有一天他們會原諒我，叫我再回去。

朵：可是你做這個工作這麼久了，能力就這樣被關掉，很辛苦吧？

安：是，很辛苦，很煎熬。

朵：那你現在打算怎麼做？

安：就好好活著，過普通的生活。現在我沒有任何能力了。他們說我可以教人，我不能使用能力，但我還是可以教人。我要開始教學——他們原本可以對我更嚴苛的，所以這樣很好了。

朵：至少知識不會失落。

安：它不會失落的。還有其他人知道，不過我就是只能教。

我要她離開那個場景，前進到另一個重要的日子，並問她發生了什麼事。「我要跟某個人見面，我要見的是個男人。我要跟即將進入我生命的男人見面了。我年紀較大了。這些日子來，我一直是孤單一人，沒有人信任我，因為他們不知道我是否還有那個能力，雖然我已經被剝奪了那個能力，其他人當時也不再信任我，所以這是第一次有人主動接近我，不過我知道他們願意相信我，他們知道我不會再那樣做了。我很開心。也許我以前不知道不必操控人也會有人願意跟我在一起。」

朵：他也對療癒能量有興趣嗎？

安：沒有……只對我有興趣。他信任我，對真實的我感興趣，那樣很好。他也是老師。他教歷史，這個地方的歷史……這個世界。

我濃縮時間，將她移動到後面去看看她是否跟這個人在一起，或是發生了什麼事。他們一直在一起，並且有了個女兒。她看得出女兒繼承到她同樣的能力，她有操控水晶的天賦，而且會被帶去接受訓練。「我很開心。因為我親自教她，我確定她絕不會跟我犯同樣的錯誤。我告訴她，她不必做任何操控人的事，因為她需要接受自己是個什麼樣的人。她會是個很好的療癒者。她現在要被帶去訓練了。她會做很棒的事。」我想我們已經對這世得到足夠的資料，於是我將她移動到生命中最後一天去看看發生什麼事。

安：我快死了，我已經很老了。我在這裡已經很多、很多年……好幾百年了。我女兒也在這個房間。他們把我放進這裡，所以我不會受苦。我感覺我快睡著了。

朵：當你快死去時，他們把你放進房間？

安：對，這是個特別的房間，人們可以沒有痛苦地安詳死去。這跟其他療癒室不同。這是為臨終者準備的，這時沒有必要再恢復些什麼，是靈魂該走的時候了，所以我們所做的就是幫靈魂出發到一個沒有痛苦的地方……這是一個讓他們安睡的地方。

朵：那麼你的身體並沒有什麼問題？

安：身體只是老了。活了好幾百年，身體疲憊了。它曾經非常健康和強壯，但必要時，走也是個選擇。我女兒來協助我離開。好美，我覺得好平靜。

朵：她有將那個知識使用在正確的方向嗎？

安：噢，是的。她已經那樣做了很多、很多年。她做的工作跟我以前一樣，他們把她安排在同樣的建築裡，她接替我的位子，所以是她在做那個工作。

朵：所以他們不讓你繼續的這件事並沒有困擾你？

安：沒有，那是必要的。我需要付出代價。

我接著移動她到一切結束，她來到靈界的時候。我問她認為自己在那一世學到了什麼？

安：我學到了當你有能力，永遠要留意你的渴望和起心動念。有時你以為要用不公平的方式才能得到你需要的東西。不必是那樣的。有時我以為唯有控制那個跟我在一起的人，我才會安全，所以我用了我的能力去控制。我必須學習我並不需要去控制事情。

朵：這是很重要的一課。如果將來某一世你再被賦予了這個能力，你認為你會知道如何使用嗎？

安：是的。我必須確定我不會再把我的能力用在操控上。

朵：不過小我會出來礙事，是嗎？

安：是的，我就是擔心這個。

朵：那是人性的一面。

我接著指示她飄離這個場景。我呼請潛意識前來，我想知道它們為什麼給安竹看那兩個前世，因為有很多前世可供它們選擇。

安：因為他必須知道他有勇氣可以做到任何他需要做的事。他有這個能力。

朵：因為那個男人犧牲了生命來保護知識，是嗎？（是的。）那一世跟他現在這一世的關聯是什麼？

安：他需要使用他的能力，他需要知道自己無須再經歷同樣的事。他不必再受苦了。他以為自己非要受苦才行，他認為自己必須一次次地受折磨。他從未放下那些拷問酷刑，他需要放下那些折磨。

朵：那只發生在一世。

安：是的，不過他一再地折磨自己。

朵：因為他認為如果他有那些知識，他就必須受苦才行？（對。）那是為什麼他之前說他內在老是有許多痛苦和不安嗎？

安：對，對。痛苦和羞辱，因為他被虐待得很嚴重，承受了身心方面很多的虐待。

這也解釋了影響到他這世的性方面問題，因為身體的那個部位被折磨得最嚴重。他們（教會）徹底地羞辱了那個男人。

朵：但發生這些並不是他的錯。

安：對，不過他感到羞恥。

朵：他很有勇氣地站出來承擔。他原本可以試著逃走的。

安：對，但他無法放下過去。他無法放下那些一再折磨他的惡夢。

朵：我們可以把這些都留給那個男人嗎？

安：我們必須這麼做，因為他什麼也做不了。他無法負荷。如果他不放下，他會死的。但他認為他必須承受。

朵：他在這世一次次經歷這些心理折磨對他並沒有意義。

安：是的，他折磨自己，他給自己製造了很多痛苦。他在努力了。他不知道該怎麼做。

那天花了很多心力才讓他終於同意放手。潛意識大聲說：「我們會把這些留給那個人。

他把這些留在這裡。留在那裡。我們離開它。他再也不會看見這些場景了。他再也不會看見，因為他一直在流血。他認為每次他做了好事，他就會再受到折磨。」當潛意識開始幫他釋放時，這也花了好大心力，安竹開始哭了起來。「他很渴望知道那些知識，我們現在正將知識帶回給他。他在現在這個時期值得知道這些知識。之前的痛苦和折磨是那個男人的。」

朵：所以你們幫忙把這兩個人分開，而且允諾他會有那些知識？

安：是的。他必須有他需要知道的知識。他值得有那些知識。

朵：那是你們為什麼給他看第二世的原因？

安：是的，她有那個知識。她懂所有水晶的事。她知道水晶的力量。

朵：第一個前世的男子保護知識，但他不知道怎麼使用。第二世的女子知道如何使用。

安：他現在知道更多。他知道很多。他有那個能力，他比自己以為的更有力量。他投生了很多次，每次都學了不少東西。

朵：所以你們給他看第二個前世，讓他知道他有那個能力？（是的。）但在那一世，他錯用了能力。

安：對，但他必須知道他不必因此害怕。他再也不會錯用它了。他不會操縱任何人了。他一直在懲罰自己。他現在自由了，我們放他自由了，他解脫了。他將會開心，他將以自己為豪而且開心！而且他的自豪不會傷害任何人。他會以一個美好的方式表現自豪。透過助人和服務，他會感到喜悅。他不會濫用或誤用這個能力，他不必害怕使用他的能力。他會感受到更多以前從未想過能感受到的事。他會好好享受生命，他會以一個嶄新的眼光看待自己。其他人會在他身上看到以前不存在的火花。這裡有很多人。很多人在幫助別人。他們有如一體。力量強大。他比自己想像得更為強大，因為時候到了。沒有多少時間了，有那麼多的事要在這麼短的時間裡完成。他不再恐懼，他會去很多地方，因為我們需要他去。他會被保護得很好，他的身體很強壯，而且會越來越強壯。他的身體、免疫系統，全身上下都會在一個不屬人類的層級被保護著。

朵：那就是他想問的事情之一……他的身體。

安：他的身體不全然是人類的身體。他的身體在這裡，但其他部分不在。它在別的層面修復重組。他有很多工作要做。當他的任務完成，他的身體也就會停止運作。他將會有一個完美的身體，當他完成使命，他就可以離開，繼續下一個星球的任務，不過這是之後的事，短期內不會發生。

我們為他的身體做了很多療癒，所有之前他說不舒服的部位都處理了。「現在他的身體強壯又健康。這會維持到這次地球人生結束為止。」

朵：那太好了。我問一個問題。他說當他出生時，全身都是水泡。為什麼在那麼早的時候就發生這樣的事呢？

安：這有好幾件事要說。水泡來自他被燒死的一世(另一個前世)。此外，他需要加速清理業力，這樣他才能開始做該做的事，所以他這輩子就像是必須活過很多很多世一樣……全都濃縮在一起，他必須承受許多失去的痛苦。他必須承受這些痛苦才能跟現實世界的其他人有共鳴，才能療癒他們，這是唯一的方法。因此，他必須在很短的時間內經歷很多事，把自己準備好去幫助別人，他需要瞭解他們。他以前不瞭解別人的痛苦。我們讓他承受那些苦，我們讓他學習難度很高的人生經驗，因為現今人類將學習的東西會非常難。他可以拿這些經驗來對照並理解。如果你沒經歷過，你無法瞭解這些苦。這些發生的事都有很好的原因，當你能看到全局，你就會知道一切都很美好。宇宙不做沒有意義的事。

我接著問了更多他列的問題。「他說他原本該是雙胞胎一起出生，你們能跟他說說這件事嗎？」

安：那是個需要陪伴他，幫助他來到這裡的另一個存在體。

朵：但是為什麼出生就是死胎了呢？

安：因為它的任務只是度過在母體裡發育的那段時間。

朵：我以為也許是另一個存在體改變想法，不想來了。（我曾探討過這樣的案例。）

安：事實上，它已經決定只是在出生前陪他。

朵：再問一個問題。他給我看了他很長時間以來所寫的奇怪文字和畫的圖。你們可以解釋那是什麼嗎？

安：那是古老的書寫文字。來自他曾有過人身的遠古時代。他曾寫過有關科學還有他知道的那個時代的東西。他以為他來自別的星球，其實他是來自別的次元。那些文字不是別的星球的文字，而是來自一個古老時期，它很快就會被知道和發現。

朵：那是我們還不知道的文明？

安：是的，那是個文明。你也許知道一點點有關這個文明的事。那是很久很久，上萬年前的文明。

朵：這是為什麼我們找不到這種語言留存的證明嗎？

安：我們可能找得到。也許會有找到的時候。什麼東西都有被找到的一天。將來會有那麼一天，人類會發現他們的歷史，就算他們不肯相信。他們會找到讓自己目瞪口呆的證據。

朵：我相信。所以他寫的是那個時代的東西？他說他忍不住就是想寫。

安：對，他寫了好多。他曾經寫很多東西，他現在想寫有關科學的事。事實是，這就是他以前做的事。他在那一世就在寫了，他那世事實上寫的就是古代知識的紀錄。

朵：他似乎有很多世的經歷都跟知識有關。

安：噢，他的很多世都跟知識有關。

朵：他一直在畫一個特定的符號。那個符號是什麼意思？

安：那是他的能量流。他的能量接收和散發的方式。那事實上是他身體能量的模式。

朵：有其他人給我看過他們寫的奇特文字。我們正在試著找出這些文字之間相似的地方。

安：你們可以比較，你們會發現相似的地方，因為跟其他文字相關。那些呈現的是人類歷史發展的過程。

朵：你們曾經告訴我有很多文明都發展到很高的程度。（是的。）它們都毀滅了。

安：但知識仍然存在。

朵：在我們的心智裡。

安：在很多地方，是的。

臨別贈言：他永遠都要看見自己在光裡。只要看見自己的光……他純淨的光。如果他看見自己在光裡，他會很開心。光是他，他就是光。——從現在開始，他會知道任何他需要知道的知識，他將看到許多共時性出現，他會大為驚奇。他現在需要習慣一切都很容易。

那將會是他的挑戰——習慣一切都水到渠成，一切都很容易。他會非常驚喜。他將會花上一段時間來好好適應這個新的實相。

〔待續〕

免責聲明

本書作者不提供醫療建議，也不指定使用任何技巧來醫治生理或心理問題。書內所有的醫療資訊，皆取材自朵洛莉絲·侃南對個案的個別諮商和催眠療程，並非作為任何類型的醫療診斷之用，也不是取代醫師的醫療建議或治療。因此，作者和出版者對於個人如何詮釋這些資訊或對書內資訊的使用並不承擔任何責任。

書中這些催眠個案的身分與隱私已受到最大保護。催眠進行的地點與事實相符，但書裡僅提及個案的名字，不透露姓氏，而名字也已經過更改。

宇宙花園　先驅意識 16

探尋神聖知識的旅程〔上〕—從未失落的光明

The Search for Hidden Sacred Knowledge

作者：朵洛莉絲．侃南（Dolores Cannon）

譯者：Stephan．裴悌書．張志華

出版：宇宙花園有限公司

通訊地址：北市安和路1段11號4樓

編輯：宇宙花園　內頁版型：黃雅藍

網址：www.cosmicgarden.com.tw

e-mail：service@cosmicgarden.com.tw

總經銷：聯合發行股份有限公司　電話：(02)2917-8022

印刷：鴻霖印刷傳媒股份有限公司

初版一刷：2021年9月　二版一刷：2024年9月　定價：NT$380元

ISBN：978-986-06742-0-0

國家圖書館出版品預行編目資料

探尋神聖知識的旅程〔上〕——從未失落的光明

朵洛莉絲．侃南（Dolores Cannon）著；

Stephan．裴悌書．張志華譯 -- 初版. -- 臺北市：

宇宙花園, 2021.09　面；公分 一（先驅意識；16）

譯自：The Search for Hidden Sacred Knowledge

ISBN：978-986-06742-0-0（平裝）

1. 輪迴　2. 催眠術

216.9　　110015136